NATÜRLICH SÜSS & HIMMLISCH LECKER!

REZEPTE MIT AHORNSIRUP, HONIG & CO.

TEXTE & FOTOS VON DITTE INGEMANN

JAN THORBECKE VERLAG

VERLAGSGRUPPE PATMOS

PATMOS
ESCHBACH
GRÜNEWALD
THORBECKE
SCHWABEN

Die Verlagsgruppe
mit Sinn für das Leben

Aus dem Dänischen von Julia Gschwilm

Umschlaggestaltung: Finken & Bumiller, Stuttgart
Gedruckt in Lettland

ISBN 978-3-7995-0598-7

* INHALT *

Vorwort: Sind Sie auch ein Süßschnabel? 5
Wissenswertes über Zucker
und Weizenmehl 6
So verwenden Sie dieses Buch 7
In meinem Küchenschrank findet man ... 8
Gebäck 12
Kuchen 40
Tartes 64
Eis 84
Gesunde Süßigkeiten für Kinder 104
Energiesnacks 128
Desserts 154
Register 182
Danksagung 184

Sind Sie auch ein Süßschnabel?

Ich liebe Kuchen und Desserts, besonders die selbst gemachten. Es fasziniert mich, dass man mit wenigen Zutaten die wundervollsten Süßigkeiten zaubern kann.

Ich bin generell der Überzeugung, dass man es sich manchmal erlauben sollte, über die Stränge zu schlagen, und ich will mir ungern etwas verweigern, weil ich nicht glaube, dass Fanatismus oder extreme Verbote der richtige Weg sind. Aber wenn Sie wie ich gerne mehrmals die Woche Süßes essen wollen, dann ist es eine gute Idee, über seinen Zuckerhaushalt nachzudenken.

Worte wie „gesund" und „zuckerfrei" klingen in den Ohren vieler ziemlich negativ, aber sie bedeuten nicht, dass es keinen Platz für ein bisschen Süßes im Alltag gibt. Ich habe für dieses Kochbuch ein paar leckere Rezepte für unter anderem Kuchen und Desserts entwickelt, die keinen weißen, raffinierten Zucker enthalten, sondern mit Alternativen gesüßt sind, die besser für den Körper und den Blutzuckerspiegel sind. Die Rezepte sind nicht immer genauso zuckersüß wie normale Kuchen und Desserts, aber das kann Ihnen hoffentlich die Augen dafür öffnen, dass nicht immer alles supersüß sein muss. So können wir unsere Geschmacksknospen daran gewöhnen, die guten Zutaten herauszuschmecken und nicht nur den Zucker.

Es ich wichtig zu wissen, dass Geschmack und Konsistenz natürlich etwas vom Gewohnten abweichen, wenn man keinen Zucker verwendet. Mein Fokus in diesem Buch liegt auf Qualität, guten Zutaten und gutem Geschmack – drei wichtige Begriffe in meiner Küche. Die Rezepte sind meine Interpretation und mein Angebot dessen, wie man Kuchen und süße Dinge auf eine neue, gesündere Art machen kann, die Spaß macht.

Die Rezepte des Buches sollten natürlich in begrenzten Mengen genossen werden, da der Energiegehalt immer noch erhöht ist. Also genießen Sie mit Maß und lassen Sie es sich gut gehen!

Viel Spaß!

Ditte Ingemann

Wissenswertes über Zucker und Weizenmehl

In meiner Küche und in meinem Alltag denke ich viel darüber nach, was ich meinem Körper zuführe. Das bedeutet, dass ich darauf achte, meinen Zuckerverbrauch gering zu halten. Ich bin daher immer auf der Suche nach alternativen Arten, wie ich Kuchen backen und Desserts machen kann, ohne dabei Abstriche beim Geschmack zu machen. Die Antwort sind gute Zutaten und alternative Süßungsmittel.

Leider haben wir eine etwas zu große Tendenz zum Naschen. Wir bekommen den Zucker hauptsächlich aus Kuchen, Süßigkeiten, Softdrinks und Keksen, aber auch in vielen verarbeiteten Lebensmitteln verbirgt sich eine ganze Menge Zucker.

Die weitaus meisten süßen Dinge beinhalten zugesetzten Zucker, also weißen, raffinierten Zucker, der als leere Kalorien betrachtet wird, da er ansonsten keinerlei Nährstoffe für unseren Körper bereithält. Zucker gehört zu den sogenannten „einfachen Kohlehydraten" und umfasst Glukose (Traubenzucker), Fruktose (Fruchtzucker) und Galaktose (in Milchzucker enthalten). Es wird empfohlen, dass raffinierte Zuckerarten maximal 10 % der gesamten Energie des Essens ausmachen, was 50–70 g zugesetztem Zucker pro Tag entspricht. Glücklicherweise gibt es bessere und gesündere Quellen, unser Essen zu süßen, die der Kost auch Vitamine zuführen, wie frische und getrocknete Früchte, Ahornsirup, roher Honig und Kokoszucker. Große Mengen an Zucker sind schädlich für den Körper und können dem gesunden Essen Platz wegnehmen, was bedeuten kann, dass der Vitamin- und Mineralstoffbedarf nicht gedeckt wird. Darüber hinaus verursacht der Zucker enorme Schwankungen im Blutzuckerspiegel, und es ist am besten, sein Blutzuckerniveau den ganzen Tag hindurch stabil zu halten.

Weizenmehl wird im Körper auf dieselbe Art aufgenommen wie weißer, raffinierter Zucker, weshalb ich mich dafür entschieden habe, für die Rezepte dieses Buches auch auf Weizenmehl zu verzichten. Das Weizenmehl wurde durch gröbere Mehltypen ersetzt, die für den Blutzuckerspiegel gesünder sind, da sie ihn langsamer und stabiler ansteigen lassen.

Auf den folgenden Seiten können Sie detailliertere Erklärungen über einige der Zutaten lesen, die ich in diesem Buch benutze. An einzelnen Stellen wird auf den „Glykämischen Index" (GI) Bezug genommen, der kurz gesagt indiziert, wie Nahrung den Blutzuckerspiegel beeinflusst. Der GI wird in Zahlen angegeben, die auf dem unmittelbaren Effekt der Nahrung auf den Blutzucker basiert, der in hohem Grad von der Qualität der Kohlehydrate im Essen abhängt. Je niedriger der Glykämische Index, desto besser.

So verwenden Sie dieses Buch

Die Rezepte des Buches sind in folgende Kategorien aufgeteilt, sodass Sie schnell die Rezepte finden können, die zu Ihnen passen:

PALEO

In den letzten Jahren ist die Paleo-Diät, auch Steinzeiternährung genannt, sehr populär geworden. Man kann darüber diskutieren, ob Desserts und Kuchen in eine Paleo-Kost eingehen, aber falls Sie sich nach diesem Prinzip ernähren und zwischendurch gern etwas Süßes wollen, dann richten Sie sich nach den Rezepten, die mit PALEO gekennzeichnet sind.

Tipp: Falls Sie sich nach dem Paleo-Prinzip ernähren und Backpulver vermeiden wollen, verwenden Sie stattdessen Natron, angerührt in etwas Zitronensaft. Die Zitronensäure aktiviert das Natron und es entsteht dasselbe Resultat wie mit Backpulver. Natron ist eine bessere Wahl als Backpulver, das oft eine Aluminiumverbindung enthält.

LCHF

Low Carb High Fat (abgekürzt LCHF) bedeutet, dass die Kost wenig Kohlenhydrate und viel Fett enthält. Eine Ernährung mit viel Fett macht lange und anhaltend satt und sorgt den ganzen Tag für einen stabilen Blutzucker. In diesem Buch finden Sie Rezepte, die mit LCHF gekennzeichnet sind, die Sie getrost verwenden können, wenn Sie sich nach dem LCHF-Prinzip ernähren.

GLUTENFREI

Viele Menschen leiden an einer Glutenunverträglichkeit. Falls Sie zu dieser Gruppe gehören, können Sie immer noch einen großen Teil der Rezepte dieses Buches nutzen. Rezepte, die mit dem Zeichen GLUTENFREI versehen sind, sind ohne Gluten, aber achten Sie auf Backpulver und Hafer, die auch durch glutenfreie Varianten ersetzt werden können.

Vollkorn

Manche der Rezepte sind mit VOLLKORN gekennzeichnet, was darauf hinweist, dass für diese Rezepte Vollkornmehl verwendet wird. Vollkorn kann z. B. Dinkelmehl, Roggenmehl, Reismehl oder weißer Weizen sein, und alle diese Mehlsorten können gut für Kuchen und Desserts verwendet werden. Es ist wichtig, grobes Mehl zu essen, weil Vollkorn viele gute Vitamine und Mineralstoffe enthält, die für unsere Gesundheit wichtig sind.

In meinem Küchenschrank findet man ...

AGAR-AGAR ist eine geleeartige Substanz, die hauptsächlich als Verdickungsmittel verwendet wird. Agar-Agar ist natürlichen Ursprungs und wird aus den Zellwänden von einigen Rotalgenarten oder Tang gewonnen. Agar-Agar wird in Pulverform verkauft und wirkt sehr stark verdickend; es ist also wichtig, die Menge genau abzumessen.

AGAVENSIRUP ist supersüß und wird aus eingedicktem Saft aus der Wurzel der Agavenpflanze hergestellt. Agavensirup süßt doppelt so stark wie gewöhnlicher Zucker, verwenden Sie also kleine Mengen. Ich verwende Agavensirup, weil er richtig gut schmeckt und angenehm zu verarbeiten ist. Darüber hinaus hat Agavensirup einen niedrigen Glykämischen Index von 11 und enthält große Mengen an Eisen, Kalk und Kalium.

AHORNSIRUP wird aus den Säften des Ahornbaums hergestellt. Man gewinnt ihn, indem man Löcher in den Stamm schneidet und den herauströpfelnden Saft auffängt. Der Sirup hat einen süßen, aromatischen Geschmack nach Karamell. Ahornsirup hat einen niedrigeren Glykämischen Index als normaler weißer Zucker und ist daher vorzuziehen.

BIRKENZUCKER oder Xylitol ähnelt Zucker und schmeckt wie Zucker, beinhaltet aber 40 % weniger Kalorien. Birkenzucker hat einen sehr niedrigen Glykämischen Index von ca. 8. Große Mengen an Birkenzucker können abführend wirken und bei manchen Personen Durchfall verursachen.

GERSTENMALZSIRUP hat einen kräftigen Geschmack nach Gerstenmalz und eine hübsche dunkle Farbe. Der Sirup wird aus gekeimter Gerste hergestellt und eignet sich beispielsweise sehr gut für Brot. Ich würde empfehlen, eine biologische Variante zu kaufen, die nur aus Gerste und nichts anderem besteht.

CHIA-SAMEN werden als Superfood bezeichnet, und tatsächlich ist Chia das Wort der Maya für „Kraft". Die kleinen Samen haben einen sehr hohen Ballaststoffgehalt und können das Zwölffache ihres Gewichts an Flüssigkeit halten und absorbieren, was sie zu einem großen Feuchtigkeitsspender macht. Chia-Samen enthalten 30 % essentielle Fettsäuren, was der Weltrekord im Pflanzenreich ist. Die Samen beinhalten doppelt so viele Proteine wie andere Samen und fünfmal so viel Kalzium wie Milch.

VOLLKORNREISMEHL wird aus unpolierten ganzen Reiskörnern hergestellt. In der Vollkorn-Variante sind alle Bestandteile enthalten, was immer vorzuziehen ist. Reismehl ist glutenfrei und eignet sich gut zum Backen und für Brei.

WEISSER WEIZEN ist eine Vollkornmehlsorte, die aus dem ganzen Korn gemahlen wird. Es ist hell in der Farbe und hat einen hohen Ballaststoffgehalt.

ERDNUSSBUTTER oder Peanut Butter wird aus Erdnüssen hergestellt, die lange gemixt werden, bis sie die Konsistenz von Butter bekommen. Man kann sie gut selbst machen, aber dazu braucht man einen kräftigen Mixer oder eine gute Küchenmaschine. Wenn Sie die fertige Version kaufen, dann denken Sie daran, Erdnussbutter ohne Zuckerzusatz zu nehmen. Die weitaus meisten biologischen Varianten sind ausschließlich aus Erdnüssen gemacht.

KAKAONIBS sind kleine rohe Stücke von Kakaobohnen. Sie haben eine knusprige Konsistenz und einen etwas bitteren Geschmack. Kakaonibs können für Desserts, in Müslis, auf Getreidebrei und andere leckere Sachen verwendet werden. Aufgrund der minimalen Behandlung der Bohnen bewahren sie ihren natürlichen Gehalt an Antioxidantien und enthalten massenhaft Vitamine und Mineralstoffe. Kakaonibs sind frei von zugesetztem Zucker, Milchprodukten und Gluten.

KOKOSÖL gibt es in vielen Varianten. Es ist ein richtig gesundes Öl mit mildem Geschmack und Duft. Das Öl ist u.a. zum Braten und Backen geeignet und kann bis zu einer hohen Temperatur erhitzt werden, ohne dass Transfette entstehen. Das Öl wird im Kühlschrank hart und bei Zimmertemperatur flüssig. Suchen Sie nach unraffinierten und kaltgepressten Varianten von Kokosöl.

KOKOSBUTTER oder CREAMED COCONUT ist gepresste Kokosnuss. Sie können sie selbst machen oder fertig kaufen. Kokosbutter passt beispielsweise sehr gut in Smoothies, Currys oder als eine Art Glasur.

KOKOSZUCKER oder KOKOSPALMZUCKER wird aus dem Blütensaft der Kokospalme gewonnen und hat einen leckeren Geschmack, der an Farinzucker erinnert. Kokoszucker ist verhältnismäßig teuer, aber glücklicherweise werden in meinen Rezepten nur sehr kleine Mengen gebraucht. Kokoszucker hat ungefähr dieselbe Anzahl Kalorien wie normaler Zucker, aber einen sehr niedrigen Glykämischen Index, das heißt, es dauert länger, ihn zu verdauen, als normalen Zucker. Er bewirkt daher einen gleichmäßigeren Anstieg des Blutzuckerspiegels. Kokoszucker hat einen Wert von ca. 35, gewöhnlicher Zucker liegt dagegen bei ca. 73. Er ist auch reich an Mineralstoffen wie Kalium, Magnesium, Zink und Eisen und beinhaltet mehrere Arten von B- und C-Vitaminen.

MANDELBUTTER besteht aus Mandeln, die so lange gemixt wurden, bis sie die Konsistenz von Butter bekommen. Sie können sie gut selbst machen, aber das erfordert einen kräftigen Mixer oder eine gute Küchenmaschine. Wenn Sie fertige Mandelbutter kaufen, denken Sie daran, die Inhaltsstoffe durchzulesen, und kaufen Sie keine mit Zuckerzusatz. Mandelbutter kann man auf Brot, in Brei oder Smoothies oder für Kuchen und Gebäck verwenden.

MANDELMEHL ist eine richtig gute Alternative, wenn Sie Weizenmehl vermeiden wollen. Mandelmehl kann man fertig gemahlen kaufen, aber auch einfach selbst machen, da es ausschließlich aus fein gemahlenen geschälten Mandeln besteht. Es eignet sich sehr gut zum Backen, ist glutenfrei und reich an Proteinen und Ballaststoffen. Mandelmehl hat einen sehr niedrigen Glykämischen Index und beinhaltet wenig Kohlehydrate.

DUNKLE SCHOKOLADE. Nach vielerlei Abwägungen habe ich beschlossen, in einigen Rezepten dieses Buches dunkle Schokolade zu verwenden. Schokolade beinhaltet zugesetzten Zucker, aber je dunkler eine Schokolade ist, desto mehr gesunde Stoffe sind darin und desto weniger Zucker beinhaltet sie. Achten Sie darauf, dunkle Schokolade von guter Qualität zu kaufen und essen Sie Schokolade nur in geringen Mengen. In meinen Rezepten empfehle ich, Schokolade mit 80–85 % Kakaogehalt zu verwenden.

QUINOAMEHL ist glutenfrei und schmeckt lecker in Brot und Kuchen. Es hat einen milden Geschmack, ist proteinreich und gibt dem Gebäck eine saftige Konsistenz.

ROHES oder RAW KAKAOPULVER ist Kakaopulver, das nicht über 40 °C erhitzt wurde – damit wird seine hohe Konzentration an Antioxidantien bewahrt. Man verwendet es daher am besten in Gerichten, die nicht erhitzt werden, damit es seine Nährstoffe behält. Ich ziehe rohes Kakaopulver in kalten und warmen Gerichten vor, weil ich seinen intensiven Geschmack liebe. Sie können aber stattdessen auch normales ungesüßtes Kakaopulver verwenden.

REINES VANILLEPULVER hat einen tollen aromatischen Geschmack und ist mehr oder weniger dasselbe wie Vanillestange, nur praktischer.

REISMALZSIRUP wird aus Reis und gekeimter Gerste hergestellt. Der Sirup ist ohne Zuckerzusatz und ohne Weizen, hat eine schöne dicke Konsistenz und schmeckt mild und süß. Perfekt für Kuchen.

ROHER HONIG ist ein Naturprodukt, das in vielen Varianten erhältlich ist, aber ich würde empfehlen, einen nicht erhitzten zu wählen, da kaltgeschleuderter Honig seine nützlichen Enzyme und Nährstoffe bewahrt hat. Honig hat einen Glykämischen Index von ca. 75 und sollte deshalb in kleinen Mengen verwendet werden.

ROHES LAKRITZPULVER ist sowohl in der süßen als auch in der salzigen Küche sehr lecker. Es beinhaltet weder Zusatzstoffe noch Gluten.

GETROCKNETE DATTELN sind extrem süß und können pur oder in Kuchen, Desserts, Konfekt und vielem anderen verwendet werden. Datteln haben eine ganze Reihe Vitamine und Mineralstoffe und sind eine gute Quelle für Antioxidantien und Ballaststoffe. Leider haben Datteln einen hohen Energiegehalt, weil sie einen sehr hohen natürlichen Zuckergehalt haben, und sollten in kleinen Mengen genossen werden.

DINKELMEHL ist eine alte Getreidesorte, die dem Gebäck einen sehr feinen Geschmack verleiht. Dinkelmehl enthält etwas weniger Gluten als Weizenmehl und ist grobkörnig und weniger grobkörnig erhältlich.

SUKRIN GOLD ist goldbraun und hat einen leckeren Geschmack – er erinnert an Farinzucker und hat nur 15 kcal pro 100 g. Sukrin Gold ist aus mehreren natürlichen Süßungsmitteln zusammengesetzt, u.a. einem Extrakt aus der Steviapflanze.

SUKRIN MELIS ist kalorienfrei und in mehreren Varianten erhältlich. Sukrin ist ein Süßungsmittel mit Erythriol, vergorenem Traubenzucker, umgewandelt in Zuckeralkohol. Sukrin Melis ähnelt Puderzucker und schmeckt auch so ähnlich. Sukrin hat einen kühlen Nachgeschmack, der vor allem bei der Einnahme von größeren Mengen Sukrin auftritt. Das Gute an Sukrin ist, dass es einen Glykämischen Index von 0 hat und somit den Blutzucker nicht beeinflusst.

YACON-SIRUP wird in den Anden seit Jahrhunderten als Süßungsmittel verwendet. Der Sirup wird ohne Erhitzen aus der Yacon-Wurzel gewonnen und hat einen kräftigen Geschmack, der an Karamell erinnert. Yacon-Sirup hat einen niedrigen Glykämischen Index von 3, was bedeutet, dass er den Blutzucker so gut wie gar nicht beeinflusst.

Kapitel 1

GEBÄCK

BACKEN SIE IHR GEBÄCK IMMER AUF MITTLERER SCHIENE. DAS ERGIBT DEN STABILSTEN BACKVORGANG.

DENKEN SIE DARAN, KEKSE IN EINEM DICHT SCHLIESSENDEN BEHÄLTER AUFZUBEWAHREN, DAMIT SIE NICHT FEUCHT WERDEN.

VERWENDEN SIE FÜR DIE REZEPTE IHRE LIEBLINGSMILCH: Z.B. MANDELMILCH, KOKOSMILCH, SOJAMILCH USW.

TIPP: Falls Sie keinen Spritzbeutel mit Tülle haben, verwenden Sie einen Spatel, um das Frosting zu verteilen.

CUPCAKES

mit schwarzen Bohnen 12 Stück GLUTENFREI

Es klingt vielleicht ein bisschen merkwürdig, Bohnen in Gebäck zu verwenden, aber sie geben einen richtig guten Geschmack und eine gute Konsistenz. Schwarze Bohnen haben einen hohen Protein- und Ballaststoffgehalt. Man kann sie gebrauchsfertig in Dosen kaufen. Falls Sie getrocknete Bohnen verwenden, denken Sie daran, sie ca. 10–12 Stunden einzuweichen, bevor sie in sauberem Wasser ca. 1 Stunde gekocht werden.

ZUTATEN:

180 g gekochte schwarze Bohnen
4 Eier
6 EL neutrales Speiseöl, z.B. Sonnenblumenöl
100 g Kokoszucker
1 TL reines Vanillepulver
1 TL Backpulver, evtl. glutenfrei
6 EL ungesüßtes Kakaopulver
1 Prise Salz

FROSTING:

200 g Frischkäse
50 g Joghurt
2 EL rohes Kakaopulver
3 EL Agavensirup
½ TL reines Vanillepulver

Die Bohnen, die Eier und das Öl in einen Mixer geben und zu einer glatten Masse mixen. Den Kokoszucker zufügen und erneut mixen. Das Vanillepulver, das Backpulver, den Kakao und das Salz miteinander verrühren, in den Mixer geben und nochmals mixen, bis ein gleichmäßiger Teig entsteht.

Den Teig in Muffinformen aus Papier verteilen und im Ofen bei 200 °C ca. 15–18 Minuten backen, bis sie durch sind.

Die Muffins ganz abkühlen lassen, bevor sie mit Frosting dekoriert werden. Alle Zutaten für das Frosting mit einem Rührgerät verrühren und abschmecken. Das Frosting in einen Spritzbeutel mit Sterntülle geben und ca. 30 Minuten in den Kühlschrank legen. Die abgekühlten Muffins dekorieren.

ERDNUSSCOOKIES

mit Dinkelmehl 12 Stück

Ich bin recht wählerisch, was Cookies angeht, aber diese Erdnusscookies haben mein Herz erobert. Sie haben einen knusprigen Rand und sind innen ein kleines bisschen weich, und sie schmecken einfach himmlisch nach Erdnüssen.

ZUTATEN:
90 g Erdnussbutter ohne Zucker
80 g Kokosöl
1 Ei
100 g Kokoszucker
1 TL reines Vanillepulver
1 TL Backpulver
125 g feines Dinkelmehl

Alle Zutaten in eine Schüssel geben und den Teig mit den Händen gut verkneten. Falls der Teig zu klebrig ist, ein wenig Mehl zufügen. Den Teig in die Schüssel zurücklegen und ca. 20–30 Minuten in den Kühlschrank stellen.

Den Teig in 12 Stücke teilen, zu Kugeln formen (am besten mit feuchten Händen) und auf ein Blech mit Backpapier legen. Die Kugeln mit den Händen oder einem Keksstempel leicht flachdrücken.

Die Kekse im Ofen bei 175 °C ca. 12–15 Minuten backen und vor dem Essen ganz abkühlen lassen.

Die Kekse in einer dicht schließenden Dose aufbewahren.

HOME MADE
MANUFACTURED BY
MILLING COMPA
CAYUGA, NY

GROBE MUFFINS

mit frischen Feigen

14 Stück VOLLKORN

Ich finde, diese Muffins sind perfekt für ein Picknick, und sie sind nicht so süß wie normale Muffins, was ich absolut toll finde. Der Muffinteig kann als Grundteig verwendet werden, und es steht Ihnen frei, andere leckere Dinge als Feigen dazuzugeben, z. B. Apfelstücke, Beeren, Schokolade, Kokos, andere Arten von Nüssen und vieles andere.

ZUTATEN:
100 g Butter
2 Eier
1 TL reines Vanillepulver
75 g Sukrin Gold
200 ml fettarme Milch
120 g feines Dinkelmehl
90–120 g Vollkorn-Dinkelmehl
2 TL Backpulver
10 Macadamianüsse
1 TL zerstoßener Kardamom
4 frische Feigen

Die Butter schmelzen und beiseitestellen, sodass sie etwas abkühlen kann. Die Eier, die Vanille und das Sukrin schaumig und luftig schlagen. Die zerlassene Butter und die Milch in den Teig einrühren. Das Mehl, das Backpulver, die grob gehackten Macadamianüsse und den Kardamom zufügen und mit einem Teigschaber unter den Teig heben. Falls der Teig zu dick wird, kann etwas mehr Milch zugefügt werden.

Die Feigen waschen und in kleine Würfel schneiden. Den Teig in Muffinformen aus Papier verteilen und mit kleinen Feigenstücken bestreuen.

Die Muffins im Ofen bei 200 °C ca. 20 Minuten backen, bis sie goldbraun sind. Vor dem Servieren ganz abkühlen lassen.

KOKOSHÜGEL

in 15 Minuten gebacken

10 Stück PALEO

Kokoshügel sind einfach zu backen und erfordern nicht besonders viele Zutaten. Falls Sie also schnell und einfach etwas Leckeres backen wollen, sind Kokoshügel eine fantastische Wahl.

ZUTATEN:
200 g Kokosflocken
60 g flüssiges Kokosöl
2 Eier
4 EL Kokoszucker

Alle Zutaten mit einem Löffel gut vermengen. Den Teig mit feuchten Händen zu kleinen Hügeln formen und auf ein Blech mit Backpapier stellen.

Die Kokoshügel im Ofen bei 200 °C ca. 15 Minuten backen, bis sie goldbraun sind.

TIPP: Wenn die Kokosmakronen ganz abgekühlt sind, kann der Boden in geschmolzene dunkle Schokolade getaucht werden – das macht sie besonders lecker.

DINKELWIRBEL

mit Äpfeln und Zimt

10 Stück VOLLKORN

Ich bin ein ziemlich großer Fan von diesen Wirbeln, welche die schwedische Version von Zimtschnecken sind. Man kann sie mit Zimt oder Kardamom machen. Ich habe hier beides verwendet und sie außerdem ausschließlich aus Dinkelmehl gemacht.

ZUTATEN:
15 g Hefe
250 ml fettarme Milch
1 Ei
2 EL roher Honig
2 TL zerstoßener Kardamom
1 Prise Salz
ca. 150 g grobes Dinkelmehl
ca. 275 g feines Dinkelmehl
75 g Butter

FÜLLUNG:
50 g weiche Butter
3–4 TL zerstoßener Zimt
4 EL Kokoszucker
1 Apfel

AUSSERDEM:
1 Ei zum Bestreichen

Die Hefe in einer Küchenmaschine mit der lauwarmen Milch verrühren. Das Ei, den Honig, den Kardamom und das Salz zufügen und erneut rühren. Nach und nach das Mehl zufügen – der Teig sollte am Ende nicht zu trocken werden, also lieber etwas Mehl zurückbehalten. Den Teig mit Knethaken ca. 8–10 Minuten kneten und dann die Butter in kleinen Würfeln zufügen. Wieder ca. 5 Minuten kneten – der Teig sollte sich von den Rändern der Schüssel lösen und feucht und luftig wirken. An einem warmen Ort ca. 1 ½ Stunden gehen lassen.

Anschließend den Teig in zwei Stücke teilen und jedes Stück auf einer bemehlten Arbeitsfläche zu einem Rechteck von ca. 25 cm × 35 cm ausrollen. Die weiche Butter auf die eine Hälfte jedes Rechtecks streichen und mit Zimt, Kokoszucker und kleinen Apfelwürfeln bestreuen. Die Vierecke jeweils für sich zusammenfalten Jedes Viereck in fünf ca. 5 cm breite Streifen schneiden. Jeden Streifen eindrehen und verknoten. Auf ein Blech mit Backpapier legen und ca. 45 Minuten gehen lassen. Mit Ei bestreichen.

Die Wirbel im Ofen bei 225 °C ca. 10–12 Minuten backen.

KOKOSGEBÄCK

mit cremigem Kokostopping

10 Stück GLUTENFREI

Diese kleinen Gebäckstücke erinnern in Geschmack und Konsistenz an leckere Mandeltörtchen mit mildem Kokosgeschmack. Sie sind superschnell zu machen und passen perfekt zu fast jeder Gelegenheit. Wenn Sie die Haferflocken und das Backpulver durch eine glutenfreie Variante ersetzen, sind die Törtchen glutenfrei.

ZUTATEN:
4 EL Kokosöl
1 Ei
200 ml Kokosmilch
50 g Kokoszucker
50 g Sukrin Gold
Schale von 1 Bio-Zitrone
100 g Haferflocken, evtl. glutenfrei
100 g Mandelmehl
1 TL Backpulver, evtl. glutenfrei
1 Prise Salz

TOPPING:
200 g Mascarpone
1–2 EL Sukrin Melis
Kokosspäne

Das Kokosöl, das Ei und die Kokosmilch miteinander verquirlen. Den Kokoszucker, das Sukrin und die geriebene Zitronenschale zufügen und erneut rühren. Die Haferflocken, das Mandelmehl, das Backpulver und das Salz in den Teig einrühren.
Den Teig in Muffinformen aus Papier verteilen und das Gebäck im Ofen bei 200 °C ca. 18 Minuten backen.

Den Mascarpone und das Sukrin Melis verrühren und jedes Gebäckstück vor dem Servieren mit einem Löffel voll Creme und ein paar Kokosspänen dekorieren.

TIPP: Wenn das Gebäck bei Zimmertemperatur verwahrt wird, bekommt es eine weiche Konsistenz, wenn es im Kühlschrank steht, bekommt es eine härtere Konsistenz, die mehr an Mandeltörtchen erinnert, was ich empfehlen kann.

GEBACKENE DONUTS

mit Zitrone und Schokoladenglasur 6 Stück PALEO

Es ist inzwischen viele Jahre her, dass ich zuletzt die Finger in Donutteig hatte, und damals hat man sie nicht gebacken, sondern sie rauchten im Topf mit heißem Öl. Ich bin ganz wild auf die gebackene Version, also halte ich mich in Zukunft an diese.

ZUTATEN:
- 120 g Mandelmehl
- 1 TL Natron, in 1 TL Zitronensaft angerührt
- 2 Eier
- 1 EL Kokosöl
- 2 EL roher Honig
- Schale von 1 Bio-Zitrone
- 1 EL Kokosmilch

GLASUR:
- 50 g dunkle Schokolade
- 15 g roher Honig
- 15 g Kokosöl
- evtl. fein gehackte ungesalzene Pistazien

Die trockenen Zutaten in einer und die flüssigen in einer anderen Schüssel vermengen. Die flüssigen in die trockenen Zutaten einrühren und rühren, bis der Teig gleichmäßig und ein bisschen flüssig ist. Den Teig in einen Spritzbeutel füllen und in einem gefetteten Donutblech ausspritzen.

Die Donuts im Ofen bei 180 °C ca. 8 Minuten backen, bis sie goldbraun sind – sie sollten nicht zu dunkel werden, also behalten Sie sie im Auge.

Die Glasur anrühren, während die Donuts im Ofen sind: Die Schokolade, den Honig und das Kokosöl in einen Topf geben und zu einer glänzenden Glasur schmelzen. Die Donuts etwas abkühlen lassen und mit Glasur bestreichen. Mit gehackten Pistazien bestreuen.

TIPP: Donutformen gibt es in Spezialläden für Küchen- und Backzubehör. Alternativ können Sie auch Teigringe auf ein Backblech spritzen.

KLEINE BANANENKUCHEN

mit rosa Frischkäsecreme   8 Stück PALEO+GLUTENFREI

Diese kleinen Bananenkuchen sind nicht besonders süß, schmecken aber herrlich nach Mandeln und Banane. Sie passen z. B. gut zu einer Tasse Kaffee. Die Kuchen selbst sind PALEO, falls Sie also nach diesem Prinzip essen, lassen Sie die Creme weg.

ZUTATEN:
- 2 reife Bananen
- 2 Eier
- 50 g Kokosöl
- 2 EL roher Honig
- 175 g Mandelmehl
- 25 g Kokosflocken
- 1 TL Natron, in 1 TL Zitronensaft angerührt

ROSA CREME:
- 3 EL Joghurt
- 100 g Frischkäse
- 2–3 EL roher Honig
- 1–2 TL gefriergetrocknete Beeren, z. B. Himbeeren oder Brombeeren

Die Bananen, die Eier, das Kokosöl und den Honig in einen Mixer oder eine Küchenmaschine geben und zu einer gleichmäßigen Masse mixen. Das Mandelmehl, die Kokosflocken und das Natron vermischen und gut mit der Bananenmasse vermengen. Den Teig in Muffinformen aus Papier verteilen und im Ofen bei 200 °C ca. 15–20 Minuten backen, bis sie durch sind.

Die Kuchen ganz abkühlen lassen, bevor sie mit Creme dekoriert werden.

Alle Zutaten für die Creme mit einem Handrührgerät verrühren und abschmecken. In einen Spritzbeutel mit Sterntülle geben und ca. 30 Minuten in den Kühlschrank stellen. Die abgekühlten Kuchen dekorieren.

TIPP: Falls Sie keinen Spritzbeutel mit Tülle haben, verwenden Sie einen Spatel, um die Creme zu verteilen.

MIN.FOS.&MAX.FIBRES

TIPP: Mandelbutter macht man, indem man ganze Mandeln in einem kräftigen Mixer oder einer guten Küchenmaschine mixt, bis sie die Konsistenz von weicher Butter bekommen. Das dauert etwas, also gönnen Sie Ihrem Mixer oder Ihrer Küchenmaschine zwischendurch eine Pause. Wenn die Butter die gewünschte Konsistenz hat, sollte sie in ein sauberes Glas gegeben und im Kühlschrank oder einem kühlen Küchenschrank aufbewahrt werden.

VOLLKORNHÖRNCHEN

mit säuerlichem Touch

12 Stück VOLLKORN

Falls Sie noch keine Mandelbutter kennen, fangen Sie mit diesem Rezept an. Die Butter hat einen intensiven Geschmack nach Mandeln und eine tolle Konsistenz. Mandelbutter kann man im Bioladen kaufen – oder selbst machen (siehe TIPP).

ZUTATEN:
20 g Hefe
150 ml fettarme Milch
40 g Butter
1 Prise Salz
2 EL roher Honig
1 Ei
Schale von 2 Bio-Zitronen
ca. 150 g Weißer Weizen
ca. 120 g feines Dinkelmehl

FÜLLUNG UND DEKORATION:
12 TL Mandelbutter
120 g dunkle Schokolade
1 Ei zum Bestreichen
1 EL fein gehackte Mandeln

Die Hefe in eine Schüssel bröckeln. Die Milch und die Butter lauwarm anwärmen und die Hefe darin auflösen. Das Salz, den Honig, das Ei und die Zitronenschale zufügen und verrühren. Nach und nach das Mehl dazugeben. Der Teig sollte geschmeidig und nicht zu trocken werden, behalten Sie also bei Bedarf lieber etwas Mehl zurück. Den Teig gut durchkneten und an einem warmen Ort bedeckt ca. 1 Stunde gehen lassen.

Anschließend den Teig auf einer bemehlten Arbeitsfläche zu einem großen Quadrat ausrollen, das in 12 kleine Dreiecke geschnitten wird. Auf jedes Dreieck 1 TL Mandelbutter und 10 g Schokolade geben und vorsichtig zu Hörnchen zusammenrollen. Die Hörnchen auf ein Blech mit Backpapier legen. Mit Ei bestreichen und mit fein gehackten Mandeln bestreuen. Bei 200 °C ca. 15 Minuten backen und am besten lauwarm servieren.

HIMBEERMUFFINS

in aller Eile 5 Stück

Himbeermuffins sind einfach zu backen, sie sind also sehr zu empfehlen, wenn Sie wenig Backerfahrung haben. Die Himbeeren können auch gut durch alle möglichen anderen Dinge ersetzt werden. Die Portion ist nicht besonders groß, denken Sie also daran, sie zu vervielfachen, wenn Sie mehr als fünf Muffins backen wollen.

ZUTATEN:
- 60 g weiche Butter
- 90 g Sukrin Gold
- 1 TL reines Vanillepulver
- 1 Ei
- 90 g feines Dinkelmehl
- 1 TL Backpulver
- 50 ml fettarme Milch
- 1 EL zuckerfreie Himbeermarmelade

DEKORATION:
- ca. 20 gefrorene oder frische Himbeeren

Die weiche Butter, das Sukrin und die Vanille mit einem Rührgerät luftig schlagen. Das Ei dazugeben und erneut schlagen. Das Mehl, das Backpulver, die Milch und die Marmelade zufügen und zu einem gleichmäßig Teig verrühren. Den Teig in Muffinformen aus Papier verteilen und jeden Muffin mit 4–5 Himbeeren dekorieren.

Die Muffins im Ofen bei 180 °C ca. 20 Minuten backen. Vor dem Servieren ganz abkühlen lassen.

GESALZENE CHOCOLATE CHIP COOKIES

mit Erdnussbutter

14 Stück GLUTENFREI

Falls Sie die Erdnuss- und die Mandelbutter nicht selbst machen, denken Sie daran, die Inhaltsstoffe zu überprüfen, da oft Zucker zugesetzt sein kann. Nehmen Sie Produkte, die ausschließlich aus Nüssen hergestellt sind.

ZUTATEN:
125 g Mandelbutter
125 g Erdnussbutter
2 Eier
½ TL Backpulver, evtl. glutenfrei
4 EL Buchweizenflocken
100 g Yacon-Sirup
75 g dunkle Schokolade

TOPPING:
Meersalz

Die Mandel- und Erdnussbutter gut mit den Eiern verschlagen. Das Backpulver, die Buchweizenflocken und den Sirup zufügen und den Teig per Hand gut zusammenkneten. Die Schokolade grob hacken und in den Teig einkneten. Den Teig in 14 Stücke teilen, zu kleinen Kugeln rollen und auf einem Blech mit Backpapier verteilen. Die Kugeln flachdrücken und jedes Cookie mit einer Prise Meersalz bestreuen.
Die Kekse im Ofen bei 200 °C ca. 10 Minuten backen, bis sie goldbraun sind. Vor dem Servieren ganz abkühlen lassen.

TIPP: Erdnussbutter macht man, indem man ganze ungesalzene Erdnüsse in einem kräftigen Mixer oder einer guten Küchenmaschine mixt, bis sie die Konsistenz von weicher Butter bekommen. Das dauert etwas, also gönnen Sie Ihrem Mixer oder Ihrer Küchenmaschine zwischendurch eine Pause. Wenn die Butter die gewünschte Konsistenz hat, sollte sie in ein sauberes Glas gegeben und im Kühlschrank oder einem kühlen Küchenschrank aufbewahrt werden.

VOLLKORNMUFFINS

mit Aprikosen

14 Stück VOLLKORN

Frische Aprikosen schmecken richtig lecker und beinhalten unter anderem das A-Vitamin Beta-Carotin und den Mineralstoff Kalium. Falls Sie keine frischen Aprikosen bekommen, können Sie für dieses Rezept auch Äpfel, Birnen, Pflaumen oder Nektarinen verwenden.

ZUTATEN:
100 g Butter
2 Eier
1 TL reines Vanillepulver
75 g Sukrin Gold
200 ml fettarme Milch
90–120 g feines Dinkelmehl
120 g Vollkorn-Dinkelmehl
2 TL Backpulver
ca. 10 Mandeln
4 frische Aprikosen

Die Butter zerlassen und beiseitestellen, damit sie etwas abkühlen kann. Die Eier, die Vanille und das Sukrin schaumig und luftig schlagen. Die zerlassene Butter und die Milch in den Teig einrühren. Das Mehl, das Backpulver und die grob gehackten Mandeln zufügen und mit einem Teigschaber unter den Teig heben.

Die Aprikosen waschen und in kleine Würfel schneiden. Den Teig in Muffinformen aus Papier geben und mit kleinen Fruchtstücken bestreuen. Die Muffins im Ofen bei 200 °C ca. 20 Minuten backen, bis sie durch sind.

GLUTENFREIE SCONES

lauwarm zu genießen

12 Stück GLUTENFREI

Meine klare Empfehlung ist, diese Scones frisch gebacken und lauwarm zu servieren. Falls sie nicht am selben Tag gegessen werden sollen, können sie gut vor dem Servieren wieder angewärmt werden. Ich habe mich bei diesem Rezept für Himbeeren entschieden, aber Blaubeeren und Brombeeren können genauso gut verwendet werden.

ZUTATEN:
150 g Vollkornreismehl
100 g Quinoamehl
50 g Sukrin Gold
100 g kalte Butter
1 EL Agavensirup
100 ml Kokosmilch
1 Ei
1 EL Backpulver, evtl. glutenfrei
1 Prise Salz
100 g frische Himbeeren

AUSSERDEM:
1 Ei zum Bestreichen
1 TL zerstoßener Zimt

Das Reismehl, das Quinoamehl und das Sukrin in einer Schüssel vermischen. Die kalte Butter in die Mehlmischung bröckeln. Den Agavensirup, die Kokosmilch und das Ei verquirlen und zusammen mit dem Backpulver und dem Salz in den Teig geben. Den Teig gut zusammenkneten und die Himbeeren vorsichtig darin verteilen – es macht nichts, dass sie zerfallen. Den fertigen Teig in 12 Stücke teilen und zu kleinen runden Scones formen. Die Scones auf ein Blech mit Backpapier legen, mit verquirltem Ei bestreichen und mit etwas zerstoßenem Zimt bestreuen.

Die Scones im Ofen bei 200 °C ca. 18 Minuten backen, bis sie goldbraun sind.

Kapitel II

KUCHEN

KUCHEN UND ANDERES GEBÄCK SOLLTE EINE TEMPERATUR VON CA. 93–96 °C HABEN. VERWENDEN SIE EVTL. EIN BACKTHERMOMETER, FALLS SIE SICH NICHT SICHER SIND.

LESEN SIE DAS REZEPT IMMER GUT DURCH, BEVOR SIE LOSLEGEN – DAS SCHAFFT EINEN BESSEREN ÜBERBLICK.

ES IST EINE GUTE IDEE, ALLE ZUTATEN BEREITZUSTELLEN, BEVOR SIE LOSLEGEN, SODASS SIE DIESELBE AUSGANGSTEMPERATUR BEKOMMEN.

RAW BROWNIES

mit Schokoglasur

16 Stück PALEO

Diese Brownies werden nicht im Ofen gebacken, sondern in den Kühlschrank gestellt. Die Schokoladenglasur schmeckt lecker und kann auch gut als Glasur für andere Kuchen verwendet werden.

ZUTATEN:
- 100 g ungesalzene Cashewkerne
- 125 g Mandeln
- 200 g Kokosflocken
- 10 entsteinte sonnengetrocknete Datteln
- 80 g rohes Kakaopulver
- 75 ml flüssiger roher Honig
- 1 Prise Salz
- ca. 50 ml Wasser

SCHOKOLADENGLASUR:
- 50 ml flüssiger roher Honig
- 2 EL Kokosöl
- 40–50 g rohes Kakaopulver

Alle Zutaten in einen Mixer oder eine Küchenmaschine geben und mixen, bis die Masse cremig ist – mehr Wasser zufügen, falls der Teig zu trocken ist. Die Masse in eine 20 cm × 20 cm große Form mit Backpapier geben und gut hineindrücken.

Alle Zutaten für die Glasur zusammenmixen und abschmecken. Die Glasur auf dem Teig verteilen und den Kuchen für ein paar Stunden in den Kühlschrank stellen, bevor er in kleine Vierecke geschnitten wird.

Den Kuchen im Kühlschrank aufbewahren – er hält sich 2–3 Tage frisch.

GEBACKENER KÄSEKUCHEN

mit Erdbeeren 6 Personen

Ein Käsekuchen mit leichter Konsistenz und leckerem Geschmack – das passt perfekt zu einem Sommertag, zusammen mit vielen frischen reifen Erdbeeren.

ZUTATEN:
250 g Ricotta
150 g Mascarpone
65 g roher Honig
4 Eier
50 g Weißer Weizen
1 TL reines Vanillepulver
geriebene Schale von 1 Bio-Zitrone
6 frische Erdbeeren

DEKORATION:
frische Erdbeeren

Den Ricotta, den Mascarpone und den Honig mit einem Rührgerät verquirlen. Die Eier trennen und das Eiweiß ganz steif schlagen. Das Eigelb zusammen mit dem Mehl, der Vanille und der geriebenen Zitronenschale in die Käsemasse geben. Alles gut schlagen. Den Eischnee vorsichtig unter den Teig heben und den Teig in eine mit Backpapier ausgekleidete Springform mit 22 cm Durchmesser geben. Die Erdbeeren putzen, in Scheiben schneiden und auf dem Kuchen verteilen.

Den Kuchen im Ofen bei 175 °C ca. 45 Minuten backen, bis er fest und goldbraun ist. Den Kuchen in der Form abkühlen lassen und bis zum Servieren kühl verwahren. Vor dem Servieren mit vielen frischen Erdbeeren dekorieren.

MARMORKUCHEN

wie früher

6 Personen PALEO + GLUTENFREI

Wer erinnert sich aus seiner Kindheit nicht an Marmorkuchen? Hier ist eine glutenfreie und gesündere Version mit einem Hauch von Orange.

ZUTATEN:
4 Eier
½ TL reines Vanillepulver
5 EL Öl, z.B. Sonnenblumenöl
50 g Kokoszucker
150 g Mandelmehl
1 TL Natron, in 1 TL Zitronensaft angerührt
2 EL ungesüßtes Kakaopulver
Schale von 1 Bio-Orange

Die Eier mit der Vanille, dem Öl und dem Kokoszucker verquirlen. Das Mandelmehl und das Natron zufügen und den Teig rühren, bis er gleichmäßig ist. Den Teig in zwei Teile teilen und in den einen Kakaopulver, in den anderen geriebene Orangenschale geben.

Den dunklen Teil in eine mit Backpapier ausgekleidete 1-l-Form geben und den hellen Teig darübergießen. Falls sie Muster in den Kuchen machen wollen, verwenden Sie sie die Spitze eines Messers, um die beiden Teige zu vermischen.

Den Kuchen im Ofen bei 175 °C ca. 30 Minuten backen, bis er durch ist.

TIPP: Der Kuchen hält sich ca. 2 Tage saftig und lecker.

LIEBESKUCHEN

für jemanden, den Sie mögen — 8 Personen PALEO

Ich habe diesen Kuchen „Liebeskuchen" genannt, weil ich ihn am Valentinstag zum ersten Mal gemacht habe. Der Kuchen ist seitdem auf meinem Blog „The Food Club" richtig populär geworden.

ZUTATEN:

- 10 entsteinte sonnengetrocknete Datteln
- 1 reife Banane
- 3 Eier
- 4 EL Kokosöl
- 100 ml starker Kaffee
- 2 TL reines Vanillepulver
- 50 g rohes Kakaopulver
- 1 TL Natron, angerührt in 1 TL Zitronensaft
- 65 g Mandelmehl
- 1 Prise Salz

DEKORATION:

- leicht geschlagene Sahne
- frische Himbeeren

Die Datteln in kleine Stücke schneiden und in einen Mixer oder eine Küchenmaschine geben. Mixen, bis sie die Konsistenz von Püree haben. Die Banane zufügen und weitermixen. Die Mischung in eine Schüssel geben, die Eier, das Kokosöl und den Kaffee zufügen und verquirlen. Die Vanille, den Kakao, das Natron, das Mandelmehl und eine Prise Salz zufügen und alles mit einem Rührgerät gut verrühren.

Den Teig in eine mit Backpapier ausgekleidete Springform mit 18–20 cm Durchmesser geben. Den Kuchen im Ofen bei 175 °C ca. 30–35 Minuten backen.

Wenn der Kuchen ganz abgekühlt ist, kann er mit leicht geschlagener Sahne und frischen Himbeeren dekoriert werden.

KÄSEKUCHEN

mit Lakritzboden 8 Personen LCHF

Käsekuchen (oder Cheesecake, wie er auf Englisch heißt) kann auf viele Arten gemacht werden. Dieser Käsekuchen zeichnet sich dadurch aus, dass der Boden nach Lakritz schmeckt, was einen tollen Kontrast zum säuerlich-frischen Geschmack des Käsetoppings bildet.

BODEN:
150 g ungesalzene Cashewkerne
150 g Walnüsse
1 TL rohes Lakritzpulver
10 entsteinte sonnengetrocknete Datteln
3 EL Kokosöl

DEKORATION:
frische Erdbeeren und Himbeeren

CREME:
400 g Frischkäse
250 g Crème fraîche light
5 EL Reismalzsirup
½ TL reines Vanillepulver
Schale von 1 Bio-Zitrone
125 g gefrorene oder frische Himbeeren

Alle Zutaten für den Boden in einem Mixer oder einer Küchenmaschine mixen – der Boden darf gerne etwas grob und klebrig sein. Die Masse mit den Händen in einer mit Backpapier ausgekleideten Springform mit 22 cm Durchmesser verteilen und die Masse gut in die Form drücken. Die Form in den Kühlschrank stellen.

Den Frischkäse mit der Crème fraîche und dem Reismalzsirup verrühren. Das Vanillepulver und die geriebene Zitronenschale zufügen. Die Käsemasse in zwei Teile teilen und die Himbeeren in den einen Teil einrühren. Zuerst die rosa und dann die weiße Käsemasse auf dem Nussboden verteilen. Den Kuchen für ein paar Stunden in den Gefrierschrank stellen, sodass er fest wird.

Den Kuchen ca. 30 Minuten vor dem Servieren herausnehmen. Mit reichlich frischen Erdbeeren und Himbeeren dekorieren.

KAROTTENKUCHEN

über alles

8 Personen VOLLKORN

Der Karottenkuchen kann sowohl mit als auch ohne Frosting gemacht werden, aber ich finde ihn mit am allerbesten.

ZUTATEN:
150 g Mandelmehl
125 g grobes Dinkelmehl
2 TL Backpulver
1 ½ TL zerstoßener Zimt
½ TL Salz
3 Karotten
1 Apfel
40 g Walnüsse
3 Eier
70 g neutrales Speiseöl, z.B. Sonnenblumenöl
4 EL Kokoszucker

FROSTING:
150 g Frischkäse
50 g Quark
Schale von 1 Bio-Zitrone
2 EL Ahornsirup
½ TL reines Vanillepulver

DEKORATION:
Haselnüsse und evtl. Karottenenden

Das Mandelmehl, das Dinkelmehl, das Backpulver, den Zimt und das Salz in einer Schüssel vermischen. Die Karotten und den Apfel grob reiben. Die Walnüsse grob hacken. Die Eier, das Öl und den Kokoszucker verrühren und mit den trockenen Zutaten und den Walnüssen vermengen. Den Teig gut verrühren und die geriebenen Karotten und den Apfel zufügen. Zu einer gleichmäßigen Masse rühren und in eine mit Backpapier ausgekleidete Springform mit 22 cm Durchmesser geben.

Den Kuchen im Ofen bei 180 °C ca. 40–45 Minuten backen, bis er durchgebacken ist.

Alle Zutaten für das Frosting verrühren und abschmecken. Das Frosting auf dem abgekühlten Kuchen verteilen und mit grob gehackten Haselnüssen und evtl. Karottenenden dekorieren. Den Kuchen im Kühlschrank aufbewahren, bis er serviert werden kann. Der Kuchen hält sich ca. 2 Tage saftig und lecker.

UMGEKEHRTER PFLAUMENKUCHEN

à la Tarte Tatin

6 Personen VOLLKORN

Sie können diesen Kuchen gut mit anderen Früchten machen, z. B. Äpfeln, Nektarinen, Pfirsichen, Kirschen, Aprikosen oder vielleicht einer Mischung. Ich habe reife, süße Pflaumen verwendet, und das ist richtig lecker. Der Kuchen schmeckt am selben oder am Folgetag am besten – besonders, wenn er mit etwas abgetropftem Joghurt serviert wird.

PFLAUMENFÜLLUNG:
100 g Sukrin Gold
80 g Butter
1 EL roher Honig
4 reife Pflaumen

TEIG:
80 g Butter
100 g Kokoszucker
1 TL reines Vanillepulver
2 Eier
150 ml Milch
2 EL Mandeln
100 g feines Dinkelmehl
80 g grobes Dinkelmehl
2 TL Backpulver
1 Prise Salz

Das Sukrin Gold, die Butter und den Honig in einem Topf schmelzen und zu einer gleichmäßigen Masse verrühren. In eine mit Backpapier ausgekleidete Springform mit 22 cm Durchmesser gießen. Die Pflaumen in dünne Spalten schneiden und auf die Zucker-Butter-Mischung geben.

Die Butter, den Kokoszucker und die Vanille verrühren und die Eier und die Milch zufügen. Die Mandeln grob hacken und zusammen mit dem Mehl, dem Backpulver und dem Salz in den Teig geben. Wenn alles verrührt ist, den Teig über die Pflaumen geben und im Ofen bei 175 °C ca. 50–60 Minuten backen.

Den Kuchen abkühlen lassen, bevor er aus der Form genommen und gestürzt wird.

SCHOKOLADENKUCHEN

mit Tiramisu-Creme

8 Personen LCHF

Der ultimative Kuchen als Dessert nach einem guten Abendessen oder zu anderen festlichen Gelegenheiten. Der Kuchen ist enorm reichhaltig in Geschmack und Konsistenz, es reicht also ein kleines Stück, um die Lust auf Süßes zufriedenzustellen.

ZUTATEN:
250 g dunkle Schokolade, 80 %
150 g Butter
5 Eier
65 g Kokoszucker
½ TL Backpulver, evtl. glutenfrei
1 TL reines Vanillepulver

TIRAMISU-CREME:
200 g Mascarpone
1 Shot Espresso oder 30 ml starker Kaffee
2 EL Sukrin Melis
1 EL Agavensirup

DEKORATION:
rohes Kakaopulver

Die Schokolade und die Butter bei schwacher Hitze schmelzen. Die Eier trennen und das Eiweiß steif schlagen. Das Eigelb mit dem Kokoszucker schaumig schlagen. Die Schokoladenmischung zusammen mit dem Backpulver und der Vanille unter das Eigelb mischen. Den Teig gut verrühren und das Eiweiß vorsichtig unterheben. Den Teig in eine mit Backpapier ausgekleidete Springform mit 22 cm Durchmesser geben.

Den Kuchen im Ofen bei 175 °C ca. 30 Minuten backen, bis er durch ist – dabei aufpassen, dass der Kuchen nicht zu lange gebacken wird.

Alle Zutaten für die Creme verrühren und abschmecken. Die Creme auf dem Kuchen verteilen, wenn er ganz abgekühlt ist, und vor dem Servieren mit Kakaopulver dekorieren.

TIPP: Der Kuchen kann gut einen Tag im Voraus gemacht und bis zum Servieren im Kühlschrank aufbewahrt werden.

ROTE-BETE-KUCHEN

mit rosa Topping

6 Personen VOLLKORN

Rote Bete verleiht diesem Kuchen einen richtig tollen Geschmack und trägt gleichzeitig dazu bei, dass er eine saftige Konsistenz hat und sich dadurch mindestens 2 Tage frisch hält.

ZUTATEN:
100 g Mandelmehl
100 g grobes Dinkelmehl
1 TL Backpulver
1 Prise Salz
3 Eier
60 g Öl, z. B. Sonnenblumenöl
3 EL Kokoszucker
40 g Walnüsse
125 g rote Bete

FROSTING:
150 g Frischkäse
50 g Joghurt oder Quark
2 EL Sukrin Melis
1 EL Reismalzsirup
½ TL reines Vanillepulver
Rote-Bete-Saft

Das Mandelmehl, das Dinkelmehl, das Backpulver und das Salz in einer Schüssel vermischen. Die Eier, das Öl und den Kokoszucker verrühren und mit den trockenen Zutaten vermengen. Die Walnüsse grob hacken. Die Rote Bete reiben und zusammen mit den Nüssen in den Teig einrühren.

Den Teig in einer mit Backpapier ausgekleideten 1-l-Kastenform verteilen. Den Kuchen im Ofen bei 200 °C ca. 40 Minuten backen, bis er durch ist.

Die Zutaten für das Frosting verrühren – etwas Rote-Bete-Saft oder andere natürliche Farbe dazugeben. Das Frosting in einen Spritzbeutel mit Sterntülle füllen. Den Kuchen mit Frosting dekorieren, wenn er ganz abgekühlt ist.

TIPP: Falls Sie keinen Spritzbeutel mit Tülle haben, verwenden Sie einen Spatel, um das Frosting zu verteilen.

ORANGEN-SCHOKOLADENKUCHEN

mit Haselnüssen

8 Personen PALEO

In meiner Kindheit hat meine Mutter oft einen richtig guten Schokoladenkuchen mit Orangengeschmack und Haselnüssen gebacken. Diesen habe ich hier in einer zucker- und glutenfreien Variante wiederherzustellen versucht, und er schmeckt ausgezeichnet. Es klingt vielleicht ein bisschen merkwürdig, die Orangen zu kochen, aber glauben Sie mir – es gibt dem Kuchen einen herrlichen Geschmack und eine saftige Konsistenz.

ZUTATEN:
2 Bio-Orangen
100 g Mandelmehl
5 EL ungesüßtes Kakaopulver
5 EL roher Honig
6 Eier
1 TL reines Vanillepulver
1 TL Natron, in 1 TL Zitronensaft angerührt
4 EL Haselnüsse zum Bestreuen

Die ganzen Orangen in einen Topf mit Wasser geben, bis sie bedeckt sind. Ca. 1 ½ Stunden kochen, bis sie weich sind, und abkühlen lassen. Die Orangen aufschneiden, eventuelle Kerne entfernen, mit Schale in einen Mixer geben und mixen, bis sie die Konsistenz von Püree haben. Die übrigen Zutaten zufügen und mixen, bis der Teig gleichmäßig ist.

Den Teig in eine mit Backpapier ausgekleidete Springform mit 22 cm Durchmesser geben. Evtl. mit gehackten Haselnüssen bestreuen.

Den Kuchen im Ofen bei 175 °C ca. 45–55 Minuten backen, bis er durch ist. Den Kuchen in der Form ganz abkühlen lassen.

TIPP: Man kann den Kuchen auch ohne Kakaopulver backen und evtl. etwas Mohn dazugeben, dann wird es ein Orangen-Mohnkuchen.

SAHNETORTE

mit Himbeerschaum und gesalzenem Dattelkaramell 6–8 Personen GLUTENFREI

Als Kind habe ich davon geträumt, im Sommer Geburtstag zu haben, aber Fakt ist, dass ich im Dezember geboren bin. Zum Trost habe ich an meinem Wintergeburtstag immer diese himmlische Sahnetorte mit Himbeerschaum bekommen.

BODEN:
200 g Mandelmehl
1 TL Backpulver, evtl. glutenfrei
½ TL reines Vanillepulver
2 Eier
4 EL fettarme Milch
100 g Kokosöl
75 g Sukrin Gold
Schale von 1 Bio-Zitrone

GESALZENES DATTELKARAMELL:
10 entsteinte sonnengetrocknete Datteln
100 ml fettarme Milch
½ TL Meersalz
1 EL Reismalzsirup

HIMBEERSCHAUM:
300 ml Schlagsahne
2 EL Sukrin Melis
120 g gefrorene oder frische Himbeeren

Das Mandelmehl, das Backpulver und die Vanille in einer Schüssel vermischen.

Die Eier trennen und das Eiweiß steif schlagen. Das Eigelb mit der Milch, dem Kokosöl, dem Sukrin und der Zitronenschale verrühren. Die trockenen unter die flüssigen Zutaten mischen und den Teig gut verrühren. Den Eischnee vorsichtig unterheben und den Teig in zwei mit Backpapier ausgekleidete Springformen mit 18 cm Durchmesser verteilen. Die Böden im Ofen bei 175 °C ca. 30–35 Minuten backen und in den Formen ganz abkühlen lassen.

Die Datteln in kleine Stücke schneiden und zusammen mit der Milch, dem Salz und dem Sirup in einen Mixer geben. Zu einer gleichmäßigen Masse mixen. Die Masse in eine Pfanne geben und vorsichtig erhitzen, bis sie eindickt. Die Pfanne von der Platte nehmen und das Karamell abkühlen lassen.

Die Sahne zu einem leichten Schaum schlagen und Sukrin Melis und Himbeeren zufügen – abschmecken. Den einen Boden mit Dattelkaramell bestreichen und den Sahneschaum auf den Böden verteilen. Die Sahnetorte mit frischen Früchten oder Beeren dekorieren. Die Torte vor dem Servieren ca. 1–2 Stunden in den Kühlschrank stellen.

Kapitel III

TARTES

ALLE ÖFEN BACKEN UNTERSCHIEDLICH. HABEN SIE DAHER IMMER EIN WACHSAMES AUGE AUF IHRE TARTES.

FÜR DAS BACKEN VON TARTES EMPFEHLE ICH, STATT EINER PORZELLANFORM EINE METALLFORM ZU VERWENDEN, GERNE MIT LÖSBAREM BODEN.

ACHTEN SIE DARAUF, DEN TARTETEIG NICHT ZU VIEL ZU BEARBEITEN – ER KANN NÄMLICH LEICHT ZÄH WERDEN.

KOKOSTARTE

mit Schokoladenfüllung

6 Personen LCHF

Falls Sie Bounty-Riegel mögen, ist diese Tarte mit ihrer Kombination aus dunkler Schokolade und Kokos genau das Richtige für Sie. Es ist eine leckere und gehaltvolle Tarte, die in kleinen Mengen genossen werden sollte.

BODEN:
450 g Kokosflocken
5 EL Kokosöl
2 Eier
2 EL Agavensirup

FÜLLUNG:
200 ml Schlagsahne
175 g dunkle Schokolade
3 EL Agavensirup

DEKORATION:
Kokosspäne

Die Kokosflocken, das Kokosöl, die Eier und den Agavensirup gut miteinander verrühren; der Teig sollte zusammenhängend und klebrig sein. Den Teig in eine mit Backpapier ausgekleidete Springform oder Tarteform mit 22 cm Durchmesser geben. Der Teig sollte an den Rändern der Backform etwas nach oben gehen.

Den Tarteboden im Ofen bei 175 °C ca. 15–20 Minuten backen, bis er goldbraun ist.

Die Sahne bis zum Siedepunkt erhitzen und über die fein gehackte Schokolade in eine Schüssel gießen. Vorsichtig umrühren und den Sirup zufügen. Wenn die Schokoladencreme glatt und glänzend ist, in den abgekühlten Tarteboden gießen und mit Kokosspänen bestreuen.

Die Tarte ca. 2 Stunden in den Kühlschrank stellen, dann ist sie servierfertig.

DINKELTARTES

mit Blaubeeren

12 Stück VOLLKORN

Diese kleinen Tartes sind sowohl hübsch als auch wohlschmeckend. Sie können mit jeglicher Art von Füllung und in verschiedenen Größen und Formen gemacht werden.

TEIG:
100 g grobes Dinkelmehl
100 g Weißer Weizen
100 g Butter
1 EL Kokoszucker
50 ml Wasser

FÜLLUNG:
4 EL Frischkäse
2 EL Reismalzsirup
½ TL reines Vanillepulver
3 EL gefrorene Blaubeeren
2 EL gehobelte Mandeln

AUSSERDEM:
Ei zum Bestreichen

Alle Zutaten für den Teig vermischen und kneten, bis der Teig zusammenhängend und geschmeidig ist – er sollte nicht zu trocken werden. Den Teig ca. 30 Minuten kalt stellen.

Alle Zutaten für die Füllung verrühren und abschmecken.

Den Teig auf einer bemehlten Arbeitsfläche ausrollen. Mit einem kleinen Förmchen oder einem kleinen Glas Kreise ausstechen, ca. 24 Stück. Auf die Hälfte der Kreise 1 TL Füllung geben. Den Teig der anderen Hälfte der Kreise vorsichtig einritzen, sodass beim Backen der Dampf austreten kann. Jeweils einen Kreis mit Füllung und einen eingeritzten vorsichtig zusammenlegen und die Ränder mit einer Gabel zusammenpressen. Die Oberfläche mit verquirltem Ei bestreichen.

Die kleinen Tartes im Ofen bei 180 °C ca. 20 Minuten backen.

CRUMBLE-RIEGEL

mit Brombeeren

9 Stück

Tartes, die auf Streuselteig basieren, mache ich oft, wenn Gäste kommen – sie sind sehr einfach und erfordern nicht sonderlich viele Zutaten. Ich habe eine Version gemacht, bei der die Tarte zu kleinen Riegeln geschnitten wird – sie schmecken toll und man kann sie gut mitnehmen, z. B. zu einem Picknick.

ZUTATEN:

- 40 g Haferflocken
- 80 g Mandelmehl
- 80 g feines Dinkelmehl
- 5 EL Sukrin Gold
- 1 TL Backpulver
- 1 Prise Salz
- 1 Ei
- 75 g Butter
- 150 g frische Brombeeren (es können auch andere Beerensorten verwendet werden)
- 2 EL Kokosspäne

Alle trockenen Zutaten in einer Schüssel vermischen. Ei und Butter zufügen und den Teig kneten, bis er die Konsistenz von großen Krümeln hat. Den Teig in zwei Teile teilen und die eine Hälfte mit den Fingerspitzen in eine mit Backpapier ausgekleidete 20 cm × 20 cm große Form geben. Die Brombeeren auf den Teig geben und den restlichen Teig über den Beeren verteilen – dabei dafür sorgen, dass der Teig gut zusammengepresst wird. Zum Schluss mit Kokosspänen bestreuen.

Den Kuchen im Ofen bei 200 °C ca. 30 Minuten backen. Ganz abkühlen lassen und dann in kleine Riegel schneiden.

TARTELETTES

mit Mascarponecreme

4 Stück GLUTENFREI

Mascarpone ist eine wunderbare Zutat für süße Gerichte. Sowohl Geschmack als auch Konsistenz sind herrlich. Die Tartelettes eignen sich sehr gut als Dessert.

BÖDEN:
40 g Kokosflocken
75 g Mandelmehl
115 g Vollkornreismehl
1 Ei
40 g Kokosöl
2 EL Ahornsirup
1 Prise Salz

MASCARPONECREME:
200 g Mascarpone
50 g Joghurt oder Quark
Schale von 1 Bio-Zitrone
½ TL reines Vanillepulver
2-3 EL Ahornsirup

DEKORATION:
frische Kirschen

Die Kokosflocken, das Mandelmehl und das Reismehl in einer Schüssel vermischen. Das Ei, das Kokosöl, den Ahornsirup und das Salz einrühren. Den Teig mit den Händen kneten, bis er die Konsistenz von Tarteteig hat. Der Teig kann ein wenig schwer auszurollen sein, es ist also am einfachsten, ihn mit feuchten Händen in die Tarteformen zu drücken. Verwenden Sie vier kleine Formen mit lösbarem Boden und 10 cm Durchmesser oder eine große mit 22–24 cm Durchmesser.

Die Böden im Ofen bei 200 °C ca. 20 Minuten backen, bis sie knusprig und goldbraun sind.

Den Mascarpone mit dem Joghurt oder Quark, der geriebenen Zitronenschale und dem Vanillepulver verrühren. Den Ahornsirup zufügen und die Creme abschmecken, je nachdem, wie süß sie sein soll. Die Creme auf den Tarteböden verteilen, wenn sie ganz abgekühlt sind. Die Kirschen halbieren, entsteinen und auf der Creme verteilen.

Die Tartelettes im Kühlschrank aufbewahren – man kann sie gut am Vortag machen, aber warten Sie mit dem Auflegen der Kirschen, bis sie serviert werden sollen. Der Schönheit wegen sind die Kirschen auf dem Foto ganz mit Stiel.

ULTRAEINFACHE BIRNENTARTE

mit Nüssen bestreut 6 Personen

Oft kann Tarteteig etwas beschwerlich zu bearbeiten sein und ein bisschen nerven. Ich habe nun die perfekte Lösung gefunden, die obendrein supereinfach ist. Die Birnen können auch gut durch Äpfel, Beeren oder andere Obstsorten ersetzt werden.

ZUTATEN:
- 90 g Butter
- 90 g Sukrin Gold
- 2 Eier
- 120 g Mandelmehl
- 40 g feines Dinkelmehl
- ½ TL Backpulver
- Schale von 1 Bio-Zitrone
- 2–3 Birnen, entkernt und geviertelt

DEKORATION:
- ca. 3 EL gehobelte Mandeln oder Haselnüsse
- Crème fraîche oder geschlagene Sahne zum Servieren

Die weiche Butter und das Sukrin in eine Küchenmaschine geben und mixen, bis die Masse sich sammelt. Die Eier, das Mandelmehl, das Dinkelmehl, das Backpulver und die geriebene Zitronenschale zufügen und erneut mixen, bis der Teig gleichmäßig und ein wenig flüssig ist. Den Teig in eine gefettete Tarteform geben, am besten mit lösbarem Boden, und die Birnen auf dem Teig platzieren. Mit gehobelten Mandeln oder Nüssen bestreuen.

Die Tarte im Ofen bei 160 °C ca. 35–40 Minuten backen. Lauwarm mit Crème fraîche oder geschlagener Sahne servieren.

SCHOKOLADENTARTE

mit Kaffee und Cashewkernen

8–10 Personen PALEO

Diese Tarte ist eine kleine Bombe. Ich würde auf jeden Fall empfehlen, sie in kleine Stücke zu schneiden und nach einem guten Abendessen mit Kaffee zu servieren. Sie hat eine tolle Konsistenz und einen vollen Geschmack, der die Schokoladenlust stillen kann. Die Tarte wird nicht gebacken, sie kann also gut am Vortag zubereitet werden.

BODEN:
- 40 g rohes Kakaopulver
- 100 g ungesalzene Cashewkerne
- 65 g ungesalzene Pistazien
- 65 g Haselnüsse
- 4 EL Kokosöl
- 8 entsteinte sonnengetrocknete Datteln

FÜLLUNG:
- 150 ml Kokosöl
- 100 ml roher flüssiger Honig
- 100 g rohes Kakaopulver
- 1–2 TL Instant-Kaffee
- 1 TL reines Vanillepulver

Alle Zutaten für den Boden in eine Küchenmaschine geben und mixen, bis die Masse eine zusammenhängende Konsistenz hat. Die Masse mit den Händen in einer mit Backpapier ausgekleideten Springform mit 18 cm Durchmesser verteilen. Die Masse in der Form gut zusammenpressen und kalt stellen, während die Füllung zubereitet wird.

Alle Zutaten für die Füllung in eine Küchenmaschine geben. Zu einer völlig glatten Masse mixen und abschmecken. Über den Boden gießen und den Kuchen ein paar Stunden oder bis zum nächsten Tag in den Kühlschrank stellen.

Vor dem Servieren kann der Kuchen mit gefriergetrockneten Beeren, gehackten Nüssen, Kakaopulver oder frischen Früchten dekoriert werden.

ZITRONENTARTE

mit Kokoscreme

6 Personen GLUTENFREI

Probieren Sie diese leckere säuerliche Kombination von Zitrone und Kokos.

BODEN:
200 g Mandelmehl
2 EL Kokosflocken
1 Ei
40 g Kokosöl
1 EL Birkenzucker (Xylitol)

FÜLLUNG:
2 Eier
Saft von 1 Zitrone
Schale von 2 Bio-Zitronen
1 TL Maisstärke
½ TL reines Vanillepulver
100 ml Milch
5 EL Yacon-Sirup

TOPPING:
1 Dose Kokosmilch, am Vortag kalt gestellt
1 EL Birkenzucker (Xylitol)
Zitronenschale
Pistazien

Alle Zutaten für den Tarteboden vermischen und den Teig gut verkneten. Er kann etwas schwer auszurollen sein, benutzen Sie also die Hände, um ihn vorsichtig in eine längliche gefettete Tarteform mit lösbarem Boden zu drücken. Falls Sie keine längliche Tarteform haben, verwenden Sie eine normale runde Form mit 20–22 cm Durchmesser, am besten mit lösbarem Boden.

Den Boden im Ofen bei 200 °C ca. 20 Minuten backen, bis der Boden knusprig und goldbraun ist.

Alle Zutaten für die Füllung mit einem Rührgerät verquirlen und über den gebackenen Tarteboden gießen. Bei 110 °C weitere ca. 35 Minuten backen. Die Tarte ganz abkühlen lassen.

Vor dem Servieren die Kokosmilch aus dem Kühlschrank nehmen. Den obersten, festen Teil der Kokosmilch in eine Schüssel geben und den flüssigen Teil z. B. für einen Smoothie oder Brei aufbewahren. Die feste Kokosmilch mit einem Rührgerät schlagen und den Birkenzucker zufügen, bis die Konsistenz glatt und cremig ist wie Schlagsahne. Die Creme abschmecken und auf der Tarte verteilen. Mit geriebener Zitronenschale und fein gehackten Pistazien bestreuen und sofort servieren.

CRUMBLE-TARTES

mit frischen Kirschen 4 Personen

Kirschen sind einfach göttlich, essen Sie also viele, solange Saison ist, und/oder backen Sie ein paar leckere Tartes mit den hübschen dunkelroten Früchten.

ZUTATEN:
ca. 40 Kirschen
100 g Butter
30 g Haferflocken
Schale von 1 Bio-Zitrone
100 g feines Dinkelmehl
80 g Sukrin Gold

Die Kirschen entsteinen und in 4 kleinen gefetteten Tarteformen oder einer großen Tarteform mit 20–22 cm Durchmesser verteilen.

Alle übrigen Zutaten in einer Schüssel vermengen, bis sie die Konsistenz eines Streuselteigs haben. Es ist auf jeden Fall am einfachsten, den Teig mit den Händen zu vermengen, aber man kann ihn auch mit einem Rührgerät zusammenrühren. Der Teig sollte sich gerade gesammelt haben und in der Konsistenz an gigantische Krümel erinnern.

Den Teig über den Kirschen verteilen und die Tartes im Ofen bei 200 °C ca. 20 Minuten backen, bis sie goldbraun und knusprig sind. Falls Sie eine große Tarteform benutzen, sollte die Tarte ca. 30 Minuten gebacken werden.

TIPP: Am besten mit Crème fraîche oder Schlagsahne servieren.

VOLLKORN-GALETTE

mit Äpfeln und Mandelbutter 4 Personen VOLLKORN

Eine Galette ist eine französische Tarte, die in Aussehen und Geschmack stark variiert, weil sie nicht in einer Tarteform gebacken wird. Das ergibt einen hübschen, rustikalen Look.

TEIG:
100 g feines Dinkelmehl
40 g Roggenmehl
2 EL Sukrin Gold
4 EL Kokosöl
1 EL Wasser
1 Prise Salz

FÜLLUNG:
1 großer Apfel
3 EL Mandelbutter
1 EL Sukrin Gold
1 EL gehobelte Mandeln

Alle Zutaten für den Teig in eine Küchenmaschine geben oder den Teig von Hand kneten. Er sollte geschmeidig sein und zusammenhängen. Ca. 30 Minuten in den Kühlschrank stellen.

Den Teig auf einer bemehlten Arbeitsfläche zu einem Kreis mit ca. 20 cm Durchmesser ausrollen und auf ein Blech mit Backpapier legen. Den Apfel in dünne Scheiben schneiden, den Boden mit Mandelbutter bestreichen und die Apfelscheiben darauf verteilen. Mit Sukrin und gehobelten Mandeln bestreuen. Die Ränder nach oben falten, sodass sie die Füllung ein klein wenig bedecken.

Die Tarte im Ofen bei 200 °C 25–30 Minuten backen, bis sie knusprig und goldbraun ist.

TIPP: Servieren Sie die Tarte lauwarm mit Crème fraîche oder Schlagsahne.

Kapitel IV

EIS

ES IST WICHTIG, DIE EIS-
MASSE ABZUSCHMECKEN,
BEVOR SIE IN DEN
GEFRIERSCHRANK KOMMT.
KALKULIEREN SIE MIT
EIN, DASS EIN WENIG
SÜSSE NACH EINIGER
ZEIT IM GEFRIERSCHRANK
VERSCHWINDET.

ACHTEN SIE DARAUF,
DAS EIS RECHTZEITIG
VOR DEM SERVIEREN
HERAUSZUHOLEN,
CA. 20 MINUTEN VORHER.

FALLS SIE KEINE
EISMASCHINE HABEN,
DENKEN SIE DARAN,
IN DEN ERSTEN STUNDEN
IM GEFRIERSCHRANK DIE
EISMASSE IMMER WIEDER
UMZURÜHREN.

AVOCADOEIS AM STIEL

mit Schokoglasur

6 Stück PALEO

Dieses Eis am Stiel ist sehr einfach zu machen und eignet sich für Erwachsene genauso wie für Kinder. Es hat einen herrlich cremigen Geschmack nach Avocado, wenn Sie also ein Avocado-Fan sind, dann trifft dieses Eis ganz sicher Ihren Geschmack.

ZUTATEN:
3 reife Avocados
20 g rohes Kakaopulver
3 EL roher Honig
1 TL reines Vanillepulver
6 EL Kokosmilch

DEKORATION:
50 g dunkle Schokolade als Glasur
gefriergetrocknete Beeren

Alle Zutaten zu einer glatten, flüssigen Masse mixen. Die Eismasse in Formen für Eis am Stiel geben (siehe Tipp unten) und ca. 3–4 Stunden in den Gefrierschrank stellen.

Die Schokolade bei schwacher Hitze oder im Wasserbad schmelzen (siehe Seite 103). Das Eis aus den Formen nehmen. Die Spitze jedes Eises in die geschmolzene Schokolade tauchen und mit gefriergetrockneten Beeren bestreuen. Bis zum Servieren zurück in den Gefrierschrank stellen.

TIPP: Wenn Sie Eis am Stiel machen, können Sie entweder Holzstiele oder Plastikstiele verwenden – sie sind oft bei den Formen für Eis am Stiel dabei. Die Eismasse in die Formen verteilen und die Stiele erst in das Eis stecken, wenn es nach einer Stunde im Gefrierschrank langsam fest wird. Falls Sie Plastikstiele mit Deckel haben, können sie sofort eingesetzt werden, weil der Deckel die Stiele am Platz hält. Falls das Eis schwer aus den Formen zu bringen ist, warten Sie ein paar Minuten oder halten Sie es kurz unter warmes Wasser, bis es sich aus den Formen löst.

VANILLEEIS

mit Erdbeerwirbel

ca. 300 ml GLUTENFREI

Ein leckeres leichtes Sahneeis mit einem Hauch von Erdbeer, perfekt für einen heißen Sommertag.

ZUTATEN:
2 Eigelb
2 EL roher Honig
1 TL reines Vanillepulver
250 ml Schlagsahne
8 frische Erdbeeren

DEKORATION:
2 EL gehobelte Haselnüsse

Das Eigelb mit dem Honig und der Vanille verquirlen, bis es schaumig wird. Die Sahne schlagen und unter das Eigelb heben. Die Erdbeeren pürieren und unterheben. Die Eismasse abschmecken; dabei daran denken, dass sie verhältnismäßig süß sein sollte, weil die Süße nach einer Weile im Gefrierschrank abnimmt.

Die Eismasse in eine Eismaschine geben und diese ca. 25–30 Minuten laufen lassen, bis das Eis fest und cremig ist. Falls Sie keine Eismaschine haben, die Masse in einer Schüssel in den Gefrierschrank stellen und im Laufe der ersten Stunden ein paarmal umrühren.

Das Eis sollte im Gefrierschrank aufbewahrt und ca. 10–15 Minuten vor dem Servieren herausgenommen werden. In Schüsseln anrichten und mit gehobelten Haselnüssen bestreuen.

„SOFTEIS"

mit Lakritz und Pistazie

2 Personen PALEO

Dies ist kein Softeis, aber es erinnert stark daran. Diese Version ist aus gefrorenen Bananen gemacht, die eine leckere, dicke Konsistenz und einen tollen Geschmack geben.

ZUTATEN:
2 reife Bananen
1 TL reines Vanillepulver
1 EL roher Honig
4–5 EL Kokosmilch

TOPPING:
2 EL ungesalzene Pistazien
1–2 TL rohes Lakritzpulver

Die Bananen schälen und in Scheiben schneiden, in einen Gefrierbeutel geben und ein paar Stunden in den Gefrierschrank legen, bis sie ganz gefroren sind.

Die Bananen zusammen mit der Vanille, dem Honig und der Kokosmilch in eine Küchenmaschine oder einen Minihacker geben – achten Sie darauf, nicht zu viel Milch dazuzugeben, weil die Konsistenz leicht zu dünn wird. Alles gut mixen, bis das Eis eine dicke, cremige Konsistenz hat. Es soll so dick sein, dass man Kugeln daraus machen kann.

TIPP: Dekorieren Sie das Eis mit grob gehackten Pistazien und Lakritzpulver und servieren Sie es sofort.

STRACCIATELLA

mit Kakaonibs

4 Personen GLUTENFREI

Italienisches Vanilleeis mit Schokoladenstückchen.

ZUTATEN:
250 ml Schlagsahne
100 ml Milch
3 EL Ahornsirup
1 TL reines Vanillepulver
1 TL Vanilleextrakt oder Wodka (siehe Tipp)
2 EL Kakaonibs

Die Sahne leicht und luftig schlagen. Die Milch, den Sirup und die Vanille unterheben. Die Eismasse abschmecken und beachten, dass sie relativ süß sein sollte, weil die Süße nach einer Weile im Gefrierschrank abnimmt. Die Eismasse in eine Eismaschine geben und diese ca. 25–30 Minuten laufen lassen, bis das Eis fest und cremig ist. Wenn das Eis fertig ist, die Kakaonibs einrühren.

Falls Sie keine Eismaschine haben, die Kakaonibs sofort einrühren und die Masse in einer Schüssel in den Gefrierschrank stellen und im Laufe der ersten Stunden ein paarmal umrühren. Dann die Eismasse in eine große Form geben oder in kleine Portionsförmchen verteilen. Das Eis sollte im Gefrierschrank aufbewahrt und 10–15 Minuten vor dem Servieren herausgenommen werden.

TIPP: Ich verwende ein selbstgemachtes Vanilleextrakt für das Eis, aber falls Sie das nicht haben, können Sie es auch weglassen oder 1 TL Wodka dazugeben – das trägt zu einer weichen Konsistenz bei. Selbstgemachtes Vanilleextrakt besteht aus Wodka und benutzten Vanillestangen, in einem Marmeladenglas oder einer Flasche verwahrt – es dauert ein paar Monate und Sie benötigen einige Vanillestangen, bis Sie ein gutes Resultat haben.

HELLROTES BANANENEIS

mit Nüssen bestreut 2 Personen PALEO

Es ist eigentlich wirklich fantastisch, dass man aus gefrorenen Bananen Eis machen kann – es ist einfach, gesund und schmeckt richtig gut. Diese Version ist pink aufgrund der gefriergetrockneten Himbeeren, aber probieren Sie ruhig auch andere leckere Zutaten aus.

ZUTATEN:
2 reife Bananen
1 EL gefriergetrocknete Himbeeren
1 TL reines Vanillepulver
4–5 EL Kokosmilch

DEKORATION:
2 EL ungesalzene Pistazien oder Mandeln

Die Bananen schälen und in Scheiben schneiden, in einen Gefrierbeutel geben und ein paar Stunden in den Gefrierschrank legen, bis sie ganz gefroren sind.

Die Bananen zusammen mit den gefriergetrockneten Beeren, der Vanille und der Milch in eine Küchenmaschine oder einen Minihacker geben – achten Sie darauf, nicht zu viel Milch dazuzugeben, da die Konsistenz leicht zu dünn werden kann. Alles gut mixen, bis das Eis eine dicke und cremige Konsistenz hat. Das Eis soll so dick sein, dass man Kugeln daraus formen kann.

TIPP: Das Eis mit grob gehackten Nüssen bestreuen und sofort servieren.

JOGHURTEIS AM STIEL

mit Blaubeeren

4 Stück LCHF

Der angenehm säuerliche Geschmack des Joghurts kommt hier in Kombination mit Blaubeeren und Sahne zu seinem Recht.

ZUTATEN:
6 EL Joghurt
6 EL Schlagsahne
100 gefrorene Blaubeeren
4 EL Kokoszucker

Alle Zutaten zusammen zu einer gleichmäßigen Masse mixen. Die Eismasse abschmecken und daran denken, dass sie verhältnismäßig süß sein sollte, da die Süße nach einer Weile im Gefrierschrank abnimmt. Die Eismasse in die Formen für Eis am Stiel verteilen (siehe Seite 86) und mindestens 3–4 Stunden oder bis zum Servieren in den Gefrierschrank stellen.

TIPP: Falls sich das Eis schlecht aus den Formen lösen lässt, warten Sie ein paar Minuten oder halten Sie es kurz unter warmes Wasser.

TURBOEIS

mit geröstetem Kokos

2–4 Personen LCHF

Dieses Eis kann man mit einem Mixer innerhalb weniger Minuten herstellen, und schon haben Sie ein wohlschmeckendes und frisches Dessert, das sofort serviert werden sollte.

ZUTATEN:
3 EL Kokosflocken
250 ml Schlagsahne
200 g gefrorene Beeren,
z.B. Blaubeeren oder gemischte Beeren
3–4 TL Kokoszucker

Die Kokosflocken in einer heißen, trockenen Pfanne ein paar Minuten goldbraun anrösten – darauf achten, dass sie nicht zu dunkel werden.

Die Sahne, die Beeren und den Kokoszucker in einen Mixer geben und mixen, bis die Masse eine dicke, cremige Konsistenz hat. Das Eis abschmecken, in Schüsseln verteilen und mit gerösteten Kokosflocken bestreuen. Sofort servieren.

MINZEIS

mit Kakaonibs

2–4 Personen LCHF

Dies ist eine Version von Minzeis mit Schokoladenstückchen, die aus Mascarpone gemacht wird, was ein reichhaltiges Eis ergibt. Das Eis wird nicht in eine Eismaschine gegeben, sondern nur in den Gefrierschrank gestellt – nach ein paar Stunden ist es fertig.

ZUTATEN:
250 g Mascarpone
5 EL Joghurt
ca. ½–1 TL Pfefferminzöl
5 EL Agavensirup
½ TL reines Vanillepulver
1 EL Kakaonibs
evtl. ein paar Tropfen natürliche
grüne Lebensmittelfarbe

Den Mascarpone mit dem Joghurt verquirlen. Tropfenweise das Pfefferminzöl zufügen und abschmecken – dabei darauf achten, dass nicht zu viel hineinkommt. Den Sirup, die Vanille und die Kakaonibs in die Eismasse einrühren und erneut abschmecken. Denken Sie daran, dass die Eismasse verhältnismäßig süß sein sollte, weil sie nach einer Weile im Gefrierschrank weniger süß wird. Je nach Geschmack ein paar Tropfen Lebensmittelfarbe einrühren.

Die Eismasse in einen Behälter füllen und das Eis mindestens 3 Stunden einfrieren. Rechtzeitig vor dem Servieren herausnehmen, sodass es weich und cremig werden kann.

EIS AM STIEL

mit Erdnüssen und Meersalz 5 Stück LCHF

Die Kombination von salzig und süß ist wirklich lecker, ich kann dieses Eis also wärmstens empfehlen. Passen Sie auf, dass nicht zu viel Salz darankommt, sondern an jedes Eis nur ein paar Flocken.

ZUTATEN:
1 Dose Kokosmilch, 400 ml
1 EL Erdnussbutter
3 EL Kokoszucker

DEKORATION:
75 g dunkle Schokolade
2 EL ungesalzene Erdnüsse
Meersalz

Die Kokosmilch bis zum Siedepunkt erhitzen und die Erdnussbutter und den Kokoszucker in die Milch einrühren. Die Eismasse im Kühlschrank ganz abkühlen lassen und dann in Formen für Eis am Stiel verteilen. Das Eis mindestens 3 Stunden einfrieren.

Die Schokolade bei schwacher Hitze oder im Wasserbad schmelzen. Das Eis aus den Formen nehmen (siehe S. 86). Jedes Eis in Schokolade tauchen und mit gehackten Erdnüssen und Meersalz dekorieren. Das Eis bis zum Servieren zurück in den Gefrierschrank stellen.

TIPP: Beim Schmelzen im Wasserbad wird eine Schüssel mit gehackter Schokolade in einen Topf mit Wasser gestellt. Das Wasser im Topf sollte bis zur Hälfte der Schüssel reichen und sollte nicht kochen, nur schwach simmern.

Kapitel V

GESUNDE SÜSSIGKEITEN FÜR KINDER

BEZIEHEN SIE DIE KINDER IN DER KÜCHE MIT EIN! MEINE REZEPTE SIND EINFACH UND LEICHT ZU MACHEN, SODASS DIE KINDER GUT MITMACHEN KÖNNEN.

DEKORIEREN SIE IHR GEBÄCK BUNT, Z. B. MIT GEFRIERGETROCKNETEN BEEREN – DIE SIND LECKER, HÜBSCH UND ZUCKERFREI.

LASSEN SIE DAS GEBÄCK IMMER GANZ ABKÜHLEN, BEVOR SIE ES MIT FROSTING ODER GLASUR DEKORIEREN.

WENN SIE DEN ZUCKERVERBRAUCH IHRER KINDER REDUZIEREN WOLLEN, VERSUCHEN SIE, IHRE KUCHEN MIT REIFEN BANANEN, GERIEBENEN ÄPFELN ODER GETROCKNETEN FRÜCHTEN ZU SÜSSEN.

BANANENHAPPEN

mit Schokolade

20 Stück PALEO

Kleine Bananenscheiben, in Schokolade getaucht, sind ein perfekter kleiner Snack, wenn sich nachmittags der Süßhunger meldet. Die Bananenhappen eignen sich auch gut für Kindergeburtstage.

ZUTATEN:
2 Bananen
ca. 40 g dunkle Schokolade
Kokos, Nüsse oder andere Dekoration
20 Eisstiele oder Holzspieße

Die Bananen in Scheiben schneiden, ca. 10 Scheiben pro Banane. Die Scheiben auf Eisstiele, Strohhalme oder Zahnstocher stecken und in dunkle, geschmolzene Schokolade tauchen. Die Scheiben mit Kokos, gehackten Nüssen, Lakritzpulver, gefriergetrockneten Beeren oder anderen Leckereien dekorieren.

Die Bananen in den Kühlschrank stellen, bis die Schokolade erstarrt ist. Die Bananenhappen sollten am besten am selben Tag oder am Folgetag gegessen werden.

COOKIES

mit Popcorn 15 Stück

Leckere und dekorative Cookies mit Popcorn, das den Keksen etwas Crunch und Knusprigkeit verleiht.

ZUTATEN:
100 g weiche Butter
100 g Kokoszucker
1 EL Reismalzsirup
1 Ei
175 g feines Dinkelmehl
2 EL Haferflocken
1 TL Backpulver
2 EL Kakaonibs
2 Handvoll gepoppte Maiskörner

Die weiche Butter, den Kokoszucker und den Sirup mit einem Rührgerät verquirlen. Das Ei zufügen und weiterquirlen. Das Dinkelmehl, die Haferflocken, das Backpulver und die Kakaonibs in den Teig einrühren. Zum Schluss das Popcorn unterheben.

Den Teig in 15 Stücke teilen und mit den Händen zu kleinen Kugeln formen. Die Kugeln auf einem Blech mit Backpapier verteilen und etwas flach drücken. Die Kekse im Ofen bei 175 °C ca. 14–15 Minuten backen, bis sie goldbraun sind. Vor dem Servieren ganz abkühlen lassen.

TIPP: Bewahren Sie die Kekse in einer dicht schließenden Dose auf.

SUNFLOW
(MAX) 3%

VANILLEEIS

am Stiel

4 Stück LCHF

Kleine Sahneeis am Stiel, die mit allen möglichen leckeren farbenfrohen Dingen verziert werden können. Gefriergetrocknete Beeren gibt es in sehr vielen Varianten, die gut zu diesem Eis passen.

ZUTATEN:
250 ml Schlagsahne
100 ml Milch
3 EL Ahornsirup
1 TL reines Vanillepulver

DEKORATION:
50 g dunkle Schokolade
Nüsse, Kokos, Lakritzpulver oder gefriergetrocknete Beeren

Die Sahne zu einem leichten, luftigen Schaum schlagen und vorsichtig die Milch, den Sirup und die Vanille unterheben. Die Eismasse abschmecken und dabei darauf achten, dass sie verhältnismäßig süß sein sollte, da die Süße nach einer Weile im Gefrierschrank abnimmt. Die Eismasse in kleinen Formen für Eis am Stiel verteilen und ca. 3–4 Stunden in den Gefrierschrank stellen.

Die Schokolade bei schwacher Hitze oder im Wasserbad schmelzen (siehe Seite 103). Das Eis aus den Formen lösen (siehe Seite 86). Die Spitzen in Schokolade tauchen und nach Lust und Laune dekorieren, z. B. mit gehackten Nüssen, Kokosflocken oder Lakritzpulver. Das Eis bis zum Servieren zurück in den Gefrierschrank stellen.

DIE LECKERSTEN DATTELKUGELN

mit Lakritzpulver

10 Stück PALEO

Dattelkugeln können auf sehr viele verschiedene Arten variiert werden – für dieses Rezept habe ich z. B. einen Hauch Lakritzpulver zugefügt. Datteln sind sehr energiereich und können bis zu 70 % Zucker beinhalten. Sie haben einen hohen Gehalt an Eisen, Phosphor und Magnesium und sind damit ganz sicher eine gute Alternative zu zuckerhaltigen Kuchen/Süßigkeiten. Aber essen Sie sie in Maßen, auch wenn es schwer ist, sich bei diesen Leckerbissen zurückzuhalten.

ZUTATEN:
12 entsteinte sonnengetrocknete Datteln
1 TL Kokosöl
2 EL rohes Kakaopulver
2 EL Haselnüsse
1 TL reines Vanillepulver
1 TL rohes Lakritzpulver
evtl. etwas Wasser

DEKORATION:
Kakaopulver, Kokos und Sesam

Die Datteln in kleine Stücke schneiden. Eine Pfanne gut erhitzen, das Kokosöl hineingeben und die Dattelstücke ein paar Minuten anbraten, bis sie ganz weich werden – das macht es viel einfacher, die Datteln hinterher zu mixen.

Die Datteln, den Kakao, die Haselnüsse, die Vanille und das Lakritzpulver in einen Mixer oder eine Küchenmaschine geben und zu einer gleichmäßigen Masse mixen – dabei evtl. etwas Wasser zufügen. Die Masse abschmecken und zu kleinen Kugeln rollen. Die Kugeln in Kakao, Sesam, Kokos oder anderen leckeren Dingen wälzen.

Im Kühlschrank halten sich die Kugeln ca. 1 Woche frisch.

DONUTS

mit Schnee

6 Stück PALEO

Falls Sie keine Donutform haben, können Sie den Teig stattdessen zu kleinen Kugeln spritzen. Die amerikanische zuckersüße Glasur wurde hier durch Kokosbutter ersetzt, die man im Bioladen kaufen kann.

ZUTATEN:
120 g Mandelmehl
1 TL Backpulver, evtl. glutenfrei
1 TL Natron
2 Eier
1 EL Kokosöl
3 EL roher Honig
Schale von 1 Bio-Zitrone
1 EL Kokosmilch

DEKORATION:
4 EL weiche Kokosbutter (Creamed Coconut)
Kokosflocken und Kokosspäne

Die trockenen Zutaten in einer und die flüssigen (inkl. Zitronenschale) in einer anderen Schüssel vermischen. Die flüssigen Zutaten in die trockenen einrühren und rühren, bis der Teig gleichmäßig und ein klein wenig flüssig ist. Den Teig in einen Spritzbeutel geben und in eine gefettete Donutform spritzen.

Die Donuts im Ofen bei 180 °C ca. 8 Minuten backen, bis sie goldbraun sind – sie sollten nicht zu lange backen, also behalten Sie sie im Auge. Etwas abkühlen lassen und oben mit weicher Kokosbutter bestreichen. Mit Kokosflocken und/oder Kokosspänen bestreuen.

TIPP: Eine Donutform bekommt man im Haushaltswarenladen oder in Spezialgeschäften für Backutensilien.

ROCKY ROADS

mit dunkler Schokolade 25 Stück PALEO

Rocky Roads sind kleine Stücke Konfekt, die einfach zu machen sind. Man braucht eigentlich nur gute Schokolade und irgendeine Füllung nach Geschmack.

ZUTATEN:
300 g dunkle Schokolade
50 g Mandeln
50 g ungesalzene Pistazien
80 g sonnengetrocknete Aprikosen
2 TL gefriergetrocknete Himbeeren

Die Schokolade fein hacken und vorsichtig im Wasserbad schmelzen (siehe Seite 103). Die Mandeln, die Pistazien und die Aprikosen grob hacken. Die geschmolzene Schokolade über die Mandeln, die Nüsse, die Aprikosen und die gefriergetrockneten Himbeeren gießen und alles gut verrühren.

Die Masse in eine kleine Form/einen kleinen Bräter – mit Backpapier ausgekleidet – geben. Die Form ca. 3 Stunden in den Kühlschrank stellen. Anschließend die Masse in kleine Würfel oder Stangen schneiden und in einer Dose im Kühlschrank aufbewahren. Die kleinen Konfektstücke halten sich im Kühlschrank 1–2 Wochen frisch.

TIPP: Rocky Roads können auch gut mit anderen Arten von Nüssen, zerstoßenen Keksen, getrockneten Früchten oder was sie sonst noch im Küchenschrank haben gemacht werden.

DANICA
CHOCOLADE

RUMKUGELN

in verschiedenen Farben

ca. 15–25 Stück

Falls Sie Kuchenreste im Gefrierschrank haben, ist es eine geniale Idee, sie in Rumkugeln zu verwandeln – Kinder wie Erwachsene lieben sie.

ZUTATEN:
- 500 g Kuchenreste
- 2 EL rohes Kakaopulver
- 3 EL zuckerfreie Himbeermarmelade oder andere Marmelade
- 2 EL Kokosöl
- evtl. etwas Agavensirup, je nachdem, wie süß Ihre Kuchenreste sind
- etwas Rumessenz, kann jedoch auch gut weggelassen werden

DEKORATION:
- Kokos, Lakritzpulver, gefriergetrocknete Beeren und Kakaopulver

Alle Zutaten in eine Küchenmaschine geben und alles gut zusammenrühren. Mit Agavensirup und Rumessenz abschmecken. Die Masse sollte feucht sein – mehr Marmelade und Kokosöl zufügen, falls sie zu trocken ist.

Mit den Händen kleine Kugeln aus der Masse formen und in Kokos, Kakao oder anderen leckeren Dingen wälzen. Die Rumkugeln bis zum Servieren im Kühlschrank aufbewahren. Sie halten sich im Kühlschrank ca. 2 Tage frisch.

BANANENEIS

am Stiel

8 Stück PALEO

Bananeneis am Stiel ist der perfekte Kindersnack an einem heißen Sommertag.

ZUTATEN:
4 reife Bananen

DEKORATION:
100 g dunkle Schokolade
Kokosflocken, Nüsse oder gefriergetrocknete Beeren
8 Holzstäbchen oder Holzspieße

Die Bananen schälen, halbieren und vorsichtig Stiele hineinstecken. In einen Gefrierbeutel legen und ca. 2–3 Stunden in den Gefrierschrank legen.

Die Schokolade grob hacken und in einer Schüssel im Wasserbad schmelzen (siehe Seite 103). Die Bananen oben die Schokolade tauchen und sofort mit der Dekoration bestreuen.

TIPP: Da die Bananen gefroren sind, erstarrt die Schokolade sehr schnell, sodass sie sofort gegessen werden können. Alternativ kann man sie in den Gefrierschrank zurücklegen, bis sie gegessen werden sollen.

SÜSSES POPCORN

für süße Kinder

2 Personen GLUTENFREI

Im Laufe meiner Kindheit habe ich unglaublich viel Popcorn gegessen, weil es die Art von Süßigkeit war, die wir bekommen haben. Ich mache es immer noch gerne, und oft peppe ich die salzige Variante mit verschiedenen Gewürzen auf. Hier kommt eine süße Version.

ZUTATEN:
3 EL Traubenkernöl oder Kokosöl
75 g Popcornmais
3 EL Sukrin Gold
1–2 EL Wasser
30 g Butter
eine Prise Salz

Das Öl in einem Topf erhitzen. Die Maiskörner zufügen, wenn das Öl richtig heiß ist, einen Deckel auf den Topf legen und den Topf immer wieder gut rütteln.

Das Sukrin und das Wasser in einem anderen, kleineren Topf zusammenrühren und bei mittlerer Hitze erwärmen. Wenn das Sukrin sich allmählich auflöst, die Butter zufügen und rühren, bis die Butter geschmolzen ist. Wenn die Körner aufgepoppt sind, die Zuckermischung darübergießen und den Topf gut rütteln, sodass sich die Mischung im Popcorn verteilt.

Mit ein klein wenig Salz abschmecken und sofort servieren.

ERDNUSS-LUTSCHER

mit Lakritz bestreut

14 Stück GLUTENFREI

Wenn Sie und Ihre Kinder Fans von Erdnussbutter sind, probieren Sie diese Lutscher. Sie können auch in Form von kleinen Kugeln gemacht und mit allen möglichen leckeren Dingen dekoriert werden.

ZUTATEN:
150 g Erdnussbutter ohne Zucker
25 g Kokosflocken
25 g Haferflocken, evtl. glutenfrei
1 EL Agavensirup
14 Strohhalme, Holzspieße oder Lutscherstiele

DEKORATION:
80 g dunkle Schokolade
rohes Lakritzpulver

Die Erdnussbutter mit den Kokosflocken, den Haferflocken und dem Agavensirup verrühren. Alles mit den Händen gut zusammenkneten und zu kleinen Kugeln rollen. Die Kugeln auf Strohhalme, Holzspieße oder Lutscherstiele stecken und ca. 1 Stunde in den Kühlschrank legen.

Die Schokolade grob hacken und in einer Schüssel im Wasserbad schmelzen (siehe Seite 103). Die Lutscher in die Schokolade tauchen und mit Lakritzpulver bestreuen. Zurück in den Kühlschrank legen, bis die Schokolade erstarrt ist – dann sind sie fertig zum Servieren.

KOKOSCHIPS

im Ofen gebacken

PALEO

Lassen Sie sich nicht davon abschrecken, dass für diese knusprigen, leckeren Kokoschips richtige Kokosnüsse verwendet werden – sie sind die Mühe wert. Die Chips sind lecker als Snack nach der Schule, im Kino oder wenn das Morgenmüsli aufgepeppt werden soll.

ZUTATEN:

1 oder 2 Kokosnüsse

Zuerst die Kokosnüsse schälen: Ein Loch in das eine Ende bohren und das Kokoswasser ausgießen – man kann es trinken oder für andere leckere Dinge verwenden.

Die Kokosnüsse in der Hand halten oder auf den Boden legen und mit einem Hammer darauf schlagen, bis die Schale springt. Das Kokosfleisch löst sich, wenn man gegen die Schale klopft – dann kann das Fleisch mit der Rückseite eines Löffels oder Messers herausgelöst werden.

Das Kokosfleisch in sehr dünne Streifen/Scheiben schneiden, verwenden Sie eine Küchenmaschine mit einem Schneideeinsatz mit einem feinen Messer. Die Kokosscheiben auf ein Blech mit Backpapier geben und im Ofen bei 85 °C 3 Stunden backen. Zwischendurch ein paarmal in den Kokoschips rühren.

Den Ofen auf 175 °C hochdrehen (nach den 3 Stunden), um die Chips goldbraun werden zu lassen. Es ist wichtig, sie zu beobachten und umzurühren, damit sie gleichmäßig Farbe bekommen.

Die Chips ganz abkühlen lassen und in einem luftdichten Behälter aufbewahren. Sie halten sich ein paar Wochen knusprig, es kann sich also lohnen, eine große Portion zu machen.

Kapitel VI

ENERGIESNACKS

ES IST IMMER EINE GUTE IDEE, AUF EINER FAHRT ODER EINER REISE KLEINE GESUNDE SNACKS DABEI ZU HABEN, DAMIT SIE GERÜSTET SIND, WENN SICH DIE LUST AUF SÜSSES MELDET.

DENKEN SIE DARAN, DASS TROCKENFRÜCHTE AUFGRUND IHRES SEHR HOHEN NATÜRLICHEN ZUCKERGEHALTS EINEN HOHEN ENERGIEGEHALT HABEN UND DAHER IN KLEINEN MENGEN GEGESSEN WERDEN SOLLTEN.

GENIESSEN SIE JEDEN EINZELNEN BISSEN, WENN SIE SICH SELBST MIT GESUNDEN SÜSSEN DINGEN VERWÖHNEN.

ROHE COOKIES

mit Power

15 Stück GLUTENFREI

Ich finde es richtig toll, mit rohem Essen zu experimentieren. Diese Cookies werden nicht gebacken, sondern nur in den Kühlschrank gestellt, bis sie fest sind. Sie sind schnell zu machen und können ca. 1 Woche im Kühlschrank aufbewahrt werden.

ZUTATEN:
10 entsteinte sonnengetrocknete Datteln
50 g Erdnussbutter ohne Zucker
45 g Mandeln
1 TL reines Vanillepulver
2 TL rohes Lakritzpulver

Die Datteln in kleine Stücke schneiden und in einen Mixer oder eine Küchenmaschine geben. Die Erdnussbutter, die Mandeln und das Vanillepulver zufügen und alles gut zusammenmixen. Das dauert etwas, es sollte also ein starker Mixer sein.

Wenn die Masse die Konsistenz von Kuchenteig hat, wird sie zu kleinen, runden Cookies geformt – das ist am einfachsten mit feuchten Händen. Die Cookies ein wenig flach drücken und mit Lakritzpulver bestreuen. Die Kekse vor dem Servieren in den Kühlschrank stellen.

TIPP: Erdnussbutter macht man, indem man ganze ungesalzene Erdnüsse in einem kräftigen Mixer oder einer guten Küchenmaschine mixt, bis sie die Konsistenz von weicher Butter bekommen. Das dauert etwas, also gönnen Sie Ihrem Mixer oder Ihrer Küchenmaschine zwischendurch eine Pause. Wenn die Butter die gewünschte Konsistenz hat, wird sie mit etwas Salz abgeschmeckt und in ein sauberes Glas gegeben. Im Kühlschrank oder einem kühlen Küchenschrank verwahren.

KOKOSMUFFINS

mit Himbeeren und Vanille

6 Stück PALEO

Diese Muffins sind einfach zu machen, schmecken richtig lecker und eignen sich gut als süßer Bestandteil eines Pausenbrots oder als süße Zwischenmahlzeit.

ZUTATEN:

3 Eier
2 EL roher Honig
1 TL reines Vanillepulver
1 TL Natron, in 1 TL Zitronensaft angerührt
110 g Kokosflocken

DEKORATION:

ca. 20 gefrorene Himbeeren

Die Eier mit dem Honig und dem Vanillepulver verquirlen. Das Natron und die Kokosflocken zufügen und weiterquirlen. Den fertigen Teig in Muffinformen aus Papier verteilen. Jeden Muffin oben mit 4–5 gefrorenen Himbeeren verzieren.

Die Muffins im Ofen bei 140 °C ca. 40 Minuten backen und vor dem Servieren ganz abkühlen lassen.

TIPP: Sie können die Himbeeren auch gut durch andere Arten von Beeren oder z.B. Äpfel und Pflaumen ersetzen. Alternativ kann man kleine Bananenstücke in den Teig einrühren.

SUPER-KNÄCKEBROT

mit Unmengen von Ballaststoffen 12–15 Stück VOLLKORN

Hier ist meine Version von selbst gebackenem Knäckebrot. Man kann zwar auch leidlich gutes Knäckebrot beim Bäcker kaufen, aber wenn man erst einmal angefangen hat, selbst welches zu backen, ist Schluss mit fertig gekauftem. Außerdem ist es supereinfach.

ZUTATEN:

60 g Körner, z.B. Sesam, Leinsamen, Sonnenblumenkerne, Kürbiskerne
75 g Haferflocken
75 g Grahammehl
1 TL Salz
1 TL Backpulver
100 ml Wasser
1 EL Olivenöl

AUSSERDEM:

1 Ei zum Bestreichen

Die Körner, die Haferflocken, das Mehl, das Salz und das Backpulver in eine Schüssel geben und das Wasser und das Öl zufügen. Alles gut verrühren, der Teig sollte ein bisschen klebrig sein. Den Teig gut zusammenenkneten und zwischen zwei Bögen Backpapier ca. 3 mm dick ausrollen. Das obere Stück Papier entfernen und den Teig in passende Größen und Formen schneiden, z. B. runde, längliche oder Sterne. Die Knäckebrote auf ein Blech mit Backpapier legen, mit Ei bestreichen und evtl. mit Samen oder Körnern bestreuen.

Das Knäckebrot im Ofen bei 200 °C ca. 20 Minuten backen – dabei gut im Auge behalten. Anschließend in einer dicht schließenden Dose aufbewahren.

ENERGIEBREI

mit Beeren 2 Personen GLUTENFREI

Kühlschrankbrei basiert darauf, dass man einen Brei zubereitet, ihn bis zum nächsten Tag in den Kühlschrank stellt und dann kalt isst, evtl. mit frischen Früchten und Nüssen bestreut. Ich esse kalten Brei sowohl zum Frühstück als auch als nachmittags als kleine Zwischenmahlzeit, wenn ich Lust auf etwas Süßes bekomme.

ZUTATEN:
35 g Haferflocken, evtl. glutenfrei
ca. 150 ml Milch
1 TL Chia-Samen
1 TL reines Vanillepulver
2 entsteinte sonnengetrocknete Datteln

DEKORATION:
100 ml abgetropfter Joghurt
1 Apfel
Mandeln oder andere Arten von Nüssen
frische Beeren

Die Haferflocken, die Milch, die Chia-Samen und das Vanillepulver in ein Glas oder einen anderen verschließbaren Behälter geben. Die Datteln in kleine Stücke schneiden und gut mit der Haferflockenmasse vermischen. Bis zum nächsten Morgen oder Nachmittag in den Kühlschrank stellen.

Den Brei vor dem Servieren gut umrühren, den Joghurt und den geriebenen Apfel zufügen und mit gehackten Nüssen und frischen Beeren oder anderen Früchten bestreuen.

TIPP: Wenn der Brei zu fest geworden ist, verdünnen Sie ihn mit etwas Milch.

TRÜFFEL

aus schwarzen Bohnen

16 Stück GLUTENFREI

Es klingt merkwürdig, Trüffel aus Bohnen zu machen, aber der Geschmack erinnert ein klein wenig an Nougat. Schwarze Bohnen kann man in der Dose gebrauchsfertig kaufen. Falls Sie getrocknete Bohnen verwenden, denken Sie daran, sie ca. 10–12 Stunden einzuweichen, bevor sie in sauberem Wasser ca. 1 Stunde gekocht werden.

ZUTATEN:

1 Dose schwarze Bohnen oder 200 g gekochte
2 EL Kokosöl
4–5 TL rohes Kakaopulver
3 EL Agavensirup
1 TL reines Vanillepulver
4 EL Kokosflocken
ca. 150 g dunkle Schokolade

Alle Zutaten außer der Schokolade in einen Mixer oder Minihacker geben und zu einer gleichmäßigen Masse mixen. Wenn die Masse süßer sein soll, mehr Sirup zufügen, und wenn sie fester sein soll, eine Spur mehr Kakao und Kokosflocken zufügen.

Die Masse zu kleinen Kugeln formen. Es kann schwer sein, die Trüffel ganz rund zu machen, aber es hilft, feuchte Hände zu haben. Die Kugeln ca. 1 Stunde in den Kühlschrank stellen.

Die Schokolade grob hacken und im Wasserbad schmelzen (siehe Seite 103). Die Trüffel mithilfe von zwei Gabeln vorsichtig in die geschmolzene Schokolade tauchen. Auf ein Stück Backpapier legen und wieder in den Kühlschrank stellen, bis die Schokolade ganz fest ist. Die Trüffel bis zum Servieren im Kühlschrank aufbewahren.

INGREDIENTS
N FOS.& MAX. FIBRES

EISKAFFEE

mit Koffein-Kick

2 Personen GLUTENFREI

Eiskaffee zu machen, ist keine große Wissenschaft. Eiskaffee ist perfekt geeignet, um die Lust auf Süßes mit einem Energieboost zu verbinden, wenn sich nachmittags die Müdigkeit meldet.

ZUTATEN:
4 Espressoshots
ca. 400 ml fettarme Milch oder andere Milch
1 TL reines Vanillepulver
2–3 EL Agavensirup
reichlich Eiswürfel

Alle Zutaten zu einem dicken, fülligen Drink mixen – entweder mit einem Mixer oder mit einem Stabmixer. Den Eiskaffee in zwei hohe Gläser gießen und sofort servieren.

TIPP: Falls Sie keine Espressomaschine haben, verwenden Sie statt des Espresso eine richtig starke Tasse Kaffee.

ROGGENBRÖTCHEN

mit dunkler Schokolade

14 Stück VOLLKORN

Die Roggenbrötchen eignen sich super als Pausenbrot, zum Frühstück oder als Zwischenmahlzeit. Sie sind dafür gedacht, ohne Belag gegessen zu werden, weil sich kleine Schokoladenstückchen darin verbergen.

ZUTATEN:
25 g Hefe
500 ml Wasser
1 TL Salz
1 EL roher Honig
1 EL Gerstenmalzsirup
1 EL Sonnenblumenöl
ca. 300 g Roggenmehl
ca. 120 g feines Dinkelmehl
1 EL Sesam
1 EL Leinsamen
75 g dunkle Schokolade
evtl. Haferflocken zum Bestreuen

Die Hefe in eine Schüssel bröckeln und das Wasser zufügen. Die Hefe im Wasser verrühren, gerne in einer Küchenmaschine. Das Salz, den Honig, den Sirup und das Öl zufügen und erneut rühren. Nach und nach das Mehl zufügen – der Teig darf am Ende nicht zu trocken werden. Den Teig richtig gut rühren, bis er geschmeidig ist, ca. 5 Minuten. Den Sesam und den Leinsamen zufügen. Die Schokolade grob hacken und zum Schluss in den Teig einrühren.

Den Teig an einem warmen Ort ca. 2 Stunden gehen lassen. Anschließend auf eine bemehlte Arbeitsfläche legen und zu Brötchen formen, die evtl. mit Haferflocken bestreut werden. Die Brötchen auf ein Blech mit Backpapier legen und nochmals ca. 45 Minuten gehen lassen.

Die Brötchen im Ofen bei 200 °C ca. 25–30 Minuten backen. Sie schmecken lauwarm am besten, können jedoch am Folgetag gut aufgewärmt oder bis zum Servieren eingefroren werden.

HAFERKUGELN

mit Energie

12 Stück GLUTENFREI

Gehören Sie zu den Menschen, die es lieben, beim Backen vom rohen Kuchenteig zu naschen? Diese Kugeln schmecken nach Kuchenteig, sind aber etwas gesünder! Ich habe die kleinen Kugeln in einer Box im Kühlschrank und knabbere morgens eine davon, wenn ich keine Zeit zum Frühstücken habe.

ZUTATEN:

100 g Nüsse oder Mandeln
50 g dunkle Schokolade
100 g entsteinte sonnengetrocknete Datteln
100 g Haferflocken, gerne grob und glutenfrei
4–5 EL Agavensirup
50 g Erdnussbutter ohne Zucker

Zuerst die Mandeln oder Nüsse und die Schokolade relativ fein hacken. Die Datteln in kleine Stücke schneiden und alle Zutaten in eine Schüssel geben. Alles mit den Händen oder in einer Küchenmaschine verrühren, bis die Masse eine gute klebrige Konsistenz hat – ggf. mehr Sirup hinzugeben, falls nötig. Evtl. können auch ein wenig Kokos oder noch andere Trockenfrüchte in die Masse gegeben werden.

Die Masse zu kleinen Kugeln rollen – das geht am einfachsten mit feuchten Händen. Die Kugeln im Kühlschrank aufbewahren. Sie schmecken am besten, wenn sie ganz kalt sind.

MAGISCHE MÜSLIRIEGEL

mit Cashewnüssen

12 Stück GLUTENFREI

In den weitaus meisten gekauften Müsliriegeln ist der Zuckergehalt enorm hoch, es macht also Sinn, sie selbst zu machen und auf diese Weise zu steuern, welche Zutaten darin sind. Falls Sie eine glutenfreie Version wollen, verwenden Sie glutenfreie Haferflocken.

ZUTATEN:
50 g Mandeln
75 g ungesalzene Cashewkerne
75 g sonnengetrocknete Aprikosen
20 g Kürbiskerne
150 g Haferflocken, evtl. glutenfrei
120 ml Reismalzsirup
½ TL reines Vanillepulver
1 TL zerstoßener Zimt
1 Prise Salz

TOPPING:
75 g dunkle Schokolade
1 EL Kokosöl

Die Mandeln und die Cashewkerne grob hacken. Die Aprikosen in kleine Stücke schneiden und alle Zutaten gut vermengen. Wenn alles gut vermischt ist, die Masse in einer 20 cm × 20 cm großen, mit Backpapier ausgekleideten Form verteilen. Die Müslimasse im Ofen bei 200 °C ca. 25 Minuten backen und ganz abkühlen lassen.

Die dunkle Schokolade und das Kokosöl in einem Topf bei mittlerer Hitze zusammenschmelzen lassen und über die Masse gießen, die anschließend in den Kühlschrank gestellt wird, bis die Schokolade erstarrt ist. Die Masse nach ca. 1 Stunde in kleine Riegel schneiden und diese an einem kühlen Ort aufbewahren, bis sie gegessen werden.

TIPP: Verwenden Sie gerne andere Arten von Nüssen, Körnern und Samen für Ihre Müsliriegel. Anstelle von Aprikosen können auch Rosinen, getrocknete Cranberrys oder Datteln benutzt werden.

VOLLKORNBRÖTCHEN

mit Chia-Samen

ca. 9 Stück VOLLKORN

Sauerteigbrötchen eignen sich gut zum Frühstück, als Pausenbrot oder nachmittags anstelle von etwas Süßem. Falls Sie keinen Sauerteig haben, ersetzen Sie die Sauerteigmenge durch Wasser und fügen Sie stattdessen noch 15 g Hefe zu.

ZUTATEN:

5 g Hefe
75 ml Sauerteig
400 ml kaltes Wasser
35 g Haferflocken
2 TL Meersalz
2 TL Chia-Samen
10 sonnengetrocknete Aprikosen
ca. 200 g Vollkornweizenmehl
ca. 250 g feines Dinkelmehl

Die Hefe, den Sauerteig und das Wasser verrühren. Die Haferflocken, das Salz und die Chia-Samen zufügen und den Teig in einer Küchenmaschine zusammenrühren. Die Aprikosen in kleine Stücke schneiden und in den Teig geben. Nach und nach das Mehl zufügen und dabei die Menge justieren – das Mehl und dessen Saugfähigkeit können sehr unterschiedlich sein, meine Mengenangaben sind daher nur als ungefähre Richtlinien zu verstehen.

Die Küchenmaschine erst langsam, dann schneller laufen lassen. Wenn der Teig beginnt, Fäden zu ziehen und sich von der Schüssel zu lösen, kann eine Glutenprobe gemacht werden: Ein Stück Teig nehmen und zwischen den Fingern ausdehnen, ohne dass es zerreißt. Wenn das nicht geht, muss der Teig noch länger geknetet werden.

Wenn der Teig gut durchgeknetet ist – das dauert ca. 10 Minuten –, in einen geschlossenen Behälter mit ein wenig Öl am Boden geben. Den Teig über Nacht oder 10–20 Stunden in den Kühlschrank stellen.

Den Teig herausnehmen und ca. 1 Stunde bei Zimmertemperatur stehen lassen. Dann auf eine mit Mehl bestreute Arbeitsfläche geben – evtl. mit ein paar groben Haferflocken oder Dinkelflocken vermischt. Den Teig zu Brot oder Brötchen formen.

Es ist wichtig, dass der Ofen sehr heiß ist, d.h. ca. 250 °C, bevor die Brötchen hineingeschoben werden. Die Brötchen ca. 15–20 Minuten backen, bis sie eine goldbraune, knusprige Oberfläche haben.

KLEINE KOKOSRIEGEL

mit Maulbeeren

8 Stück PALEO

Leckere kleine Riegel mit Nüssen und Trockenfrüchten, die sich perfekt für eine Fahrt oder als kleine süße Zwischenmahlzeit eignen.

ZUTATEN:

12 entsteinte sonnengetrocknete Datteln
2 EL getrocknete Maulbeeren
2 EL Kokosöl
25 g Mandeln
30 g Haselnüsse
2 EL Kokosflocken
evtl. etwas Wasser

DEKORATION:

gehackte Nüsse, Kokosflocken oder Lakritzpulver

Die Datteln in kleine Stücke schneiden und zusammen mit den übrigen Zutaten in eine Küchenmaschine oder einen kräftigen Mixer geben. Zu einer zusammenhängenden, etwas klebrigen Masse mixen – Wasser zufügen, falls die Masse zu trocken wird.

Mit den Händen kleine Riegel aus der Masse formen und mit gehackten Nüssen, Kokosflocken oder Lakritzpulver bestreuen. Die Riegel im Kühlschrank aufbewahren, wo sie sich ca. 1 Woche frisch halten.

NUSSBROT

aus der Steinzeit

1 Brot PALEO

Dieses Steinzeitbrot ist sehr populär geworden, und das aus gutem Grund. Es schmeckt nämlich fantastisch und ist supereinfach zu machen. Ich habe das Brot viele Jahre bekommen, weil meine Mutter es in meiner Kindheit gebacken hat, und jetzt habe ich angefangen, es wieder zu backen. Das Brot ist unglaublich reich an Energie, aber auch nicht ganz günstig im Einkauf, also genießen Sie es in kleinen Mengen. Es schmeckt herrlich wie es ist oder zusammen mit etwas gutem Käse als eine Art Dessert.

ZUTATEN:
100 g Haselnüsse
50 g ungesalzene Cashewkerne
50 g Paranüsse
100 g Mandelmehl
50 g Sesam
100 g Leinsamen
100 g Sonnenblumenkerne
50 g Kürbiskerne
6 Eier
50 ml Olivenöl
1 Prise Salz

Die Haselnüsse, die Cashewkerne und die Paranüsse grob hacken und alle Zutaten mit einem Löffel gut verrühren. Den Teig in eine Kastenform mit Backpapier geben und das Brot im Ofen bei 170 °C ca. 1 Stunde backen. Auf einen Rost stürzen und abkühlen lassen.

Das Brot hält sich ca. 2–3 Tage frisch.

TIPP: Anstelle von Brot können Sie aus dem Teig auch Brötchen backen. Den Teig in Muffinformen aus Papier oder eine Muffinform aus Silikon verteilen. Die Brötchen ca. 35–40 Minuten backen. Es werden ca. 12 Stück.

Kapitel VII

DESSERTS

DEKORIEREN SIE IHRE DESSERTS GERNE MIT VIELEN FRISCHEN FRÜCHTEN UND BEEREN – DAS SCHAFFT EINEN SCHÖNEN GEGENSATZ ZU DEN SCHWEREN DESSERTS.

DENKEN SIE DARAN, DASS EIN KLEINES DESSERT OFT AUSREICHT, UM NACH EINEM GUTEN ABENDESSEN DEN HUNGER AUF SÜSSES ZU STILLEN.

WÄHLEN SIE IMMER EINE GUTE DUNKLE SCHOKOLADE FÜR DIE REZEPTE. SO STELLEN SIE DEN BESTEN GESCHMACK UND DEN NIEDRIGSTEN ZUCKERGEHALT SICHER.

KALTSCHALE

mit Erdbeeren

4 Personen

Kaltschale ist gleich Sommer, besonders wenn sie hellrot und voller Erdbeeren ist. Servieren Sie diese Luxusversion mit gerösteten Dinkelflocken zum Dessert.

ZUTATEN:

6 EL Joghurt oder Quark
600 ml Buttermilch
1 reife Banane
8 gefrorene Erdbeeren
3 EL Sukrin Gold
1 TL reines Vanillepulver

DINKELFLOCKEN:

70 g Dinkelflocken
1 EL Kokosöl
2 EL Sukrin Gold

DEKORATION:

frische Erdbeeren

Alle Zutaten für die Kaltschale in einen Mixer geben und mixen, bis die Masse dickflüssig und glatt ist. Abschmecken und die Kaltschale bis zum Servieren in den Kühlschrank stellen.

Die Dinkelflocken, das Kokosöl und das Sukrin in eine heiße Pfanne geben und gut rühren, bis die Dinkelflocken goldbraun und knusprig sind – geben Sie acht, dass sie nicht zu dunkel werden. Aus der Pfanne nehmen und ganz abkühlen lassen.

TIPP: Servieren Sie die Kaltschale mit frischen Erdbeeren und bestreuen Sie sie großzügig mit Dinkelflocken.

ALTMODISCHER APFELKUCHEN

mit Fünf-Gewürze-Pulver

4 Personen

Ein kleines, feines Dessert, das sowohl saftig als auch knusprig ist. Das Apfelmus kann gut am Vortag gemacht und im Kühlschrank aufbewahrt werden. Fünf-Gewürze-Pulver ist eine chinesische Gewürzmischung mit aromatischen Gewürzen wie Sternanis, Cassiazimt, Nelken, Fenchel und Szechuanpfeffer. Es ist kein scharfes Gewürz, sondern ein süßes, das sich wunderbar für Desserts wie dieses eignet.

ZUTATEN:
4 Äpfel
100 ml Wasser
4 EL roher Honig
1 TL reines Vanillepulver

CRUNCH:
65 g Roggenbrot
30 g Haselnüsse
2 TL Fünf-Gewürze-Pulver

CREME:
200 ML SCHLAGSAHNE
50 G ABGETROPFTER JOGHURT
1 TL REINES VANILLEPULVER

Die Äpfel vom Kerngehäuse befreien und in grobe Würfel schneiden. Die Apfelwürfel, das Wasser, den Honig und die Vanille in einen Topf geben und bei mittlerer Hitze zugedeckt ca. 25 Minuten köcheln lassen, bis die Äpfel weich und zu grobem Mus geworden sind. Das Mus ganz abkühlen lassen.

Das Roggenbrot und die Haselnüsse in einen Minihacker oder eine Küchenmaschine geben und fein mixen. Die Mischung auf einem Blech mit Backpapier verteilen und im Ofen bei 200 °C ca. 20–25 Minuten rösten, bis der Crunch trocken und knusprig ist – zwischendurch rühren. Das Fünf-Gewürze-Pulver einrühren, wenn die Mischung abgekühlt ist.

Die Sahne schlagen und den Joghurt und die Vanille unterheben. Das Dessert in kleinen Gläsern anrichten und schichtweise das Apfelmus, den Roggenbrotcrunch und die Sahne hineingeben. Sofort servieren, sodass der Roggenbrotcrunch knusprig bleibt.

GEBACKENE NEKTARINEN

mit Mascarponecreme

4 Personen GLUTENFREI

Die Kombination von süßen gebackenen Nektarinen und weicher Mascarponecreme ist ganz einfach himmlisch. Dass Dessert ist leicht und passt wunderbar nach einem guten Abendessen.

ZUTATEN:
6 reife Nektarinen
1 EL roher Honig
2 TL Kokosöl

CREME:
250 g Mascarpone
3 EL roher Honig
1 TL reines Vanillepulver

DEKORATION:
4 EL ungesalzene Pistazien, gehackt

Die Nektarinen halbieren und entsteinen. Die Hälften in eine Schüssel geben und mit dem Honig und dem Kokosöl vermengen. Mit der Schnittfläche nach unten in einen mit Backpapier ausgelegten Bräter geben. Die Nektarinen im Ofen bei 175 °C, gerne Heißluft, ca. 20 Minuten backen.

Den Mascarpone gut mit dem Honig und der Vanille verrühren und die Creme abschmecken. Die Pistazien grob hacken. Die abgekühlten Nektarinen mit der Creme und den gehackten Pistazien anrichten.

TIPP: Probieren Sie das Rezept auch mit z.B. Plaumen oder Aprikosen statt Nektarinen aus.

CHERRY

PANNA COTTA

mit Vanille-Rhabarber

4 Personen LCHF

Panna Cotta ist ein richtig leckeres Dessert, das allerdings kalorienmäßig ziemlich schwer wiegt. Es ist eine gute Idee, das Dessert mit einem frischen, säuerlichen Einschlag von z. B. Rhabarber zu servieren.

VANILLE-RHABARBER:
150 ml Wasser
3 EL Agavensirup
1 TL reines Vanillepulver
300 g Rhabarber

PANNA COTTA:
500 ml Schlagsahne
1 TL reines Vanillepulver
3 EL Sukrin Melis
3 Gelatineblätter

Das Wasser, den Sirup und die Vanille aufkochen, den Rhabarber in kleinen Stücken zufügen und ca. 5–6 Minuten köcheln lassen. Den Herd abstellen und den Rhabarber im Topf abkühlen lassen. Mit Sud im Kühlschrank in einem geschlossenen, sauberen Behälter aufbewahren.

Die Sahne, die Vanille und das Sukrin in einem Topf vermengen und aufkochen lassen. Die Gelatine ca. 5 Minuten in kaltem Wasser einweichen. Wenn die Sahne kocht, die Gelatine ausdrücken und mit der heißen Sahne vermischen. Die Creme in kleinen Portionsförmchen verteilen und ca. 3 Stunden oder bis zum nächsten Tag in den Kühlschrank stellen.

Auf jede Panna Cotta 1–2 EL Rhabarber geben und servieren.

TIPP: Machen Sie gerne eine große Portion Vanille-Rhabarber und essen Sie ihn mit Joghurt zum Frühstück oder servieren Sie ihn zu Pfannkuchen oder Waffeln.

BUTTERMILCHPFANNKUCHEN

mit Dinkelmehl

10 Stück VOLLKORN

Große, dünne Pfannkuchen aus Buttermilch, die einen leicht säuerlichen und tollen Geschmack verleiht.

ZUTATEN:
120 g feines Dinkelmehl
30 g grobes Dinkelmehl
200 ml fettarme Milch
250 ml Buttermilch
3 Eier
1 Prise Salz
1 EL Kokosöl
2 EL Birkenzucker

AUSSERDEM:
Kokosöl zum Braten

Das Mehl, die Milch und die Buttermilch in einer Schüssel verquirlen und die Eier, das Salz, das Kokosöl und den Birkenzucker zufügen. Schlagen, bis der Teig ganz glatt und frei von Klümpchen ist. Den Teig ca. 30 Minuten in den Kühlschrank stellen.

Etwas Kokosöl in einer Pfanne erhitzen und große, dünne Pfannkuchen backen, bis sie auf beiden Seiten knusprig und goldbraun sind. Fortfahren, bis der Teig aufgebraucht ist. Die Pfannkuchen lauwarm mit Ahornsirup, Mandelbutter oder Obstkompott servieren.

KAKAOMOUSSE

mit Avocado

4 Personen PALEO

Anstatt der traditionellen Mousse au Chocolat habe ich eine gesündere Variante mit Kakao und Avocado gemacht. Die Mousse hat eine wunderbar cremige Konsistenz und schmeckt lecker nach Avocado.

ZUTATEN:
2 reife Avocados
6 entsteinte sonnengetrocknete Datteln, in kleinen Stücken
3 EL roher Honig
½ TL reines Vanillepulver
3 EL rohes Kakaopulver
40 g dunkle Schokolade

DEKORATION:
2 EL Kakaonibs
frische Himbeeren

Die Avocados halbieren und die Steine entfernen. Das Fruchtfleisch auskratzen und zusammen mit den kleinen Dattelstücken, dem Honig, dem Vanillepulver und dem Kakaopulver in eine Küchenmaschine geben.

Die Schokolade im Wasserbad schmelzen (siehe Seite 103) und in die Avocadocreme gießen. Alles mixen, bis es eine glatte und cremige Konsistenz hat. Abschmecken.

Die Mousse in Schälchen anrichten und ca. 3–4 Stunden in den Kühlschrank stellen. Vor dem Servieren mit Kakaonibs und frischen Himbeeren dekorieren.

EINZIGARTIGE MANDELMUFFINS

mit Kokosmilch

8 Stück GLUTENFREI

Diese kleinen Kuchen aus Mandelmehl haben einen richtig leckeren Geschmack und eine tolle Konsistenz. Sie sind schnell zu machen und passen eigentlich perfekt zu fast jeder Gelegenheit. Wenn Sie die Haferflocken und das Backpulver durch eine glutenfreie Version ersetzen, kommen die Muffins darüber hinaus noch völlig ohne Gluten aus.

ZUTATEN:
4 EL Kokosöl
1 Ei
200 ml Kokosmilch
100 g Kokoszucker
100 g Haferflocken, evtl. glutenfrei
100 g Mandelmehl
1 TL Backpulver, evtl. glutenfrei
1 Prise Salz
2 EL gehobelte Mandeln

TOPPING:
8 TL abgetropfter Joghurt
8 Kirschen

Das Kokosöl, das Ei und die Kokosmilch verquirlen. Den Kokoszucker zufügen und weiterrühren. Die Haferflocken, das Mandelmehl, das Backpulver und das Salz in den Teig einrühren. Den Teig in Muffinformen aus Papier verteilen und mit gehobelten Mandeln dekorieren. Die Muffins im Ofen bei 200 °C ca. 15–18 Minuten backen.

Die Muffins vor dem Servieren mit einem Löffel Joghurt und einer Kirsche (oder einer anderen Dekoration) verzieren.

TIPP: Wenn die Muffins bei Zimmertemperatur verwahrt werden, bekommen sie eine weiche Konsistenz, wenn sie im Kühlschrank stehen, bekommen sie eine härtere Konsistenz, die mehr an Mandeltörtchen erinnert, was ich empfehlen kann.

WAFFELN

mit Bananengeschmack

6 Stück PALEO

Falls Sie kein Waffeleisen haben, kann der Teig auch gut für kleine, dicke Pfannkuchen verwendet werden. Es macht viel Spaß, Waffeln mit seinen Gästen und für seine Gäste zu machen – sie sind dekorativ und schmecken aufregend.

ZUTATEN:
300 g Mandelmehl
4 Eier
1 TL Backpulver
200 ml Kokosmilch
1 Prise Salz
Saft von 1 Zitrone
2 reife Bananen

AUSSERDEM:
Kokosöl zum Ausbacken

Das Mandelmehl mit den Eiern, dem Backpulver, der Kokosmilch, dem Salz und dem Zitronensaft verrühren. Die Bananen zerdrücken und in den Teig einrühren. Alles gut verrühren, bis der Teig glatt und frei von Klümpchen ist.

Das Waffeleisen gut erhitzen und die Platten mit Kokosöl bestreichen. 3–4 EL Teig in die Mitte des Eisens geben und die Waffeln ca. 4 Minuten backen, bis sie goldbraun und knusprig sind. Fortfahren, bis der Teig aufgebraucht ist. Falls Sie ein elektrisches Waffeleisen verwenden, backen Sie die Waffeln bei mittlerer Hitze. Verwenden Sie ein altmodisches Waffeleisen für den Herd, wenden Sie das Eisen zwischendurch und backen Sie bei mittlerer Hitze.

Die Waffeln sofort essen, gerne mit guter Marmelade, Vanilleeis oder Ahornsirup – oder einfach so, wie sie sind.

CRÈME BRÛLÉE

mit Lakritz

4 Personen LCHF

Ein klassisches französisches Dessert, das „gebrannte Creme" bedeutet. Das Dessert besteht vor allem aus Sahne, was es natürlich zu einer etwas schweren Sache macht. Ich habe es mit einem Hauch von Lakritz aufgepeppt, und ich verspreche Ihnen, dass Sie den fehlenden Zucker nicht bemerken werden!

ZUTATEN:
3 Eigelb
3 EL Sukrin Gold
1 TL reines Vanillepulver
½–1 TL rohes Lakritzpulver
250 ml Schlagsahne

TOPPING:
Sukrin Gold

Das Eigelb, das Sukrin und die Vanille gut verquirlen und das Lakritzpulver zufügen. Die Sahne in einem Topf aufkochen und den Topf vom Herd nehmen. Die heiße Sahne vorsichtig in die Eiermischung gießen – nach und nach, unter ständigem Schlagen.

Die Mischung in vier kleine ofenfeste Formen geben und in einen Bräter mit Wasser stellen, sodass die Förmchen bis zur Hälfte bedeckt sind. Im Ofen bei 150 °C ca. 30–40 Minuten backen, bis die Creme gestockt ist und sich fest anfühlt.

Die Förmchen ein paar Stunden oder über Nacht in den Kühlschrank stellen, dann die Oberfläche mit Sukrin Gold bestreuen und mit einem Gasbrenner karamellisieren.

TIPP: Falls Sie keinen Gasbrenner haben, können Sie die Oberfläche mit Sukrin Gold bestreuen und die Förmchen ganz oben unter den Grill stellen, bis das Sukrin geschmolzen und goldbraun ist – gut im Auge behalten, es kann schnell gehen. Die Crème brûlée herausnehmen und sofort servieren.

CREMIGER KAKAOBREI

mit Haselnüssen

2 Personen GLUTENFREI

Haferbrei als Dessert klingt merkwürdig, aber dieser kalte, cremige Brei schmeckt sehr lecker und kann gut als gesunder Abschluss eines Abendessens serviert werden.

ZUTATEN:

- 50 g Haferflocken, evtl. glutenfrei
- 250 ml fettarme Milch
- 1 EL rohes Kakaopulver
- ½ TL reines Vanillepulver
- 2 entsteinte sonnengetrocknete Datteln

TOPPING:

- 1 EL Agavensirup
- 2 EL Mascarpone oder abgetropfter Joghurt
- 2 EL Haselnüsse

Die Haferflocken, die Milch, den Kakao und das Vanillepulver in ein Glas oder einen anderen verschließbaren Behälter geben. Die Datteln in kleine Stücke schneiden und gut mit der Haferflockenmasse vermischen. Bis zum nächsten Tag in den Kühlschrank stellen.

Den Brei vor dem Servieren gut umrühren und mit Agavensirup abschmecken. In Portionsgläsern verteilen und mit einem Löffel voll Mascarpone und grob gehackten Haselnüssen dekorieren.

SOMMERLICHER OBSTSALAT

mit Holunderblüten

2 Personen GLUTENFREI

Obstsalat kann auf vielerlei Art und Weise und mit genau den Früchten, die Sie mögen und bekommen, zubereitet werden. Diese Version ist frisch und sommerlich und wird mit Holunderblüten bestreut.

ZUTATEN:
10 Erdbeeren
4 Aprikosen
1 Apfel
1 Birne

CREME:
3 EL abgetropfter Joghurt
2 EL Kokosmilch
½ TL reines Vanillepulver

DEKORATION:
2 TL Kakaonibs
Holunderblüten

Das Obst putzen und in kleine mundgerechte Stücke schneiden. Gut vermischen. Den Joghurt mit Kokosmilch und Vanillepulver verrühren und die Creme abschmecken. Das Obst auf zwei Schüsseln verteilen und die Creme darübergeben. Mit Kakaonibs und Holunderblüten verzieren und den Obstsalat sofort servieren.

RHABARBERFOOL

mit einem Hauch Vanille

4 Personen LCHF

Rhabarberfool ist eines der am leichtesten zuzubereitenden Desserts, es besteht nämlich nur aus leicht geschlagener Sahne und gebackenem Rhabarber. Sie können den Rhabarber auch gut durch andere Arten von Obstkompott ersetzen.

GEBACKENER RHABARBER:
350 g Rhabarber
4 EL Agavensirup
1 TL reines Vanillepulver

CREME:
250 ml Schlagsahne
2–3 EL Sukrin Melis

DEKORATION:
4 EL gehobelte Mandeln

Den Rhabarber putzen und in kleine Stücke von ca. 1 cm schneiden. Gut mit dem Sirup und dem Vanillepulver vermischen und im Ofen bei 175 °C ca. 40 Minuten backen, bis sie weich und saftig sind. Den Rhabarber vor Gebrauch ganz abkühlen lassen.

Die Sahne leicht schlagen, das Sukrin unterheben und abschmecken. Die Sahne und den Rhabarber in kleinen Portionsgläsern aufschichten. Die gehobelten Mandeln kurz in einer trockenen, heißen Pfanne rösten, bis sie hellbraun sind – behalten Sie sie im Auge, es geht sehr schnell. Das Dessert vor dem Servieren mit gerösteten Mandeln bestreuen.

TIPP: Machen Sie ruhig eine große Portion gebackenen Rhabarber und essen Sie ihn mit Joghurt zum Frühstück oder servieren Sie ihn zu Pfannkuchen oder Waffeln.

PALEO-SCHOKOMOUSSE

mit Kaffee

4 Personen PALEO

Meine große Schwester Lykke isst nach dem Paleo-Prinzip, und sie hat dieses Rezept für Schokomousse geschrieben. Die Mousse hat einen richtig leckeren Schokoladengeschmack, obwohl sie gar keine Schokolade beinhaltet, dafür aber Kakao. Hier wurde außerdem ein wenig Kaffee zugefügt, aber er kann auch durch Zimt, Chili, Orange oder andere Geschmacksträger ersetzt werden.

ZUTATEN:
- 500 ml Kokosmilch
- 120 g entsteinte sonnengetrocknete Datteln
- 8 TL rohes Kakaopulver
- 1 TL reines Vanillepulver
- 1 Prise Salz
- 1 TL Pulverkaffee
- ½ TL Agar-Agar (es ist wichtig, genau abzumessen)

AUSSERDEM:
- 1 Dose Kokosmilch, kühlschrankkalt
- 1 TL reines Vanillepulver
- frische Beeren

Die Kokosmilch und die Datteln in kleinen Stücken in einen kleinen Topf geben und langsam erhitzen.

Den Kakao, die Vanille, das Salz und das Kaffeepulver zufügen und gut verrühren.

Die Masse z. B. mit einem Stabmixer mixen, bis sie gleichmäßig und glatt ist. Das Agar-Agar zufügen und gut verrühren.

Die Mischung im Topf kurz aufkochen und die Masse in kleinen Portionsförmchen, Schälchen oder andere geeignete Gefäße verteilen. Die Mousse in den Kühlschrank stellen, bis sie kalt und fest ist – das dauert ca. 3–4 Stunden.

Vor dem Servieren den Kokossahneschaum fertig machen: Die Dose am Boden öffnen und die Flüssigkeit abgießen – sparen Sie sie für z. B. Currys, Smoothies, Brei usw. auf. Anschließend die Dose auf der richtigen Seite öffnen und die fest gewordene Kokosmilch in eine Schüssel geben. Das Vanillepulver zufügen und die Mischung wie normale Sahne schlagen. Mit Beeren dekorieren.

TIPP: Geben Sie vor dem Servieren etwas geschlagene Kokossahne oder fein gehackte Mandeln auf die Schokomousse.

REGISTER

A

Apfelkuchen, altmodischer 159
Avocadoeis am Stiel 86

B

Bananeneis 120
Bananeneis, hellrotes 95
Bananenhappen 107
Bananenkuchen, kleine 28
Birnentarte, ultraeinfache 75
Brei, Energie- 137
Brötchen, Vollkorn- 149
Brownies, raw 42
Buttermilchpfannkuchen 164

C

Chocolate Chip Cookies, gesalzene 35
Cookies mit Popcorn 108
Cookies, rohe 130
Crème brûlée 172
Crumble-Riegel 71
Cupcakes 15

D

Dattelkugeln, die leckersten 112
Dinkeltartes 68
Dinkelwirbel 23
Donuts, gebackene 27
Donuts 115

E

Eis am Stiel 103
Eis, hellrotes Bananen- 95
Eis, Bananen- 120
Eis, Joghurt-, am Stiel 96
Eiskaffee 141
Eis, Minz- 100
Eis, Stracciatella- 92
Eis, Turbo- 99
Energiebrei 137
Erdnusscookies 16
Erdnusslutscher 125

G

Galette, Vollkorn- 83
Glykämischer Index 6

H

Haferkugeln 145
Himbeermuffins 32
Hörnchen, Vollkorn- 31

J

Joghurteis am Stiel 96

K

Käsekuchen, gebacken 45
Käsekuchen 50
Kakaobrei, cremiger 175
Kakaomousse 167
Kaltschale 156
Karottenkuchen 53
Knäckebrot, Super- 134
Kokoschips 126
Kokosgebäck 24
Kokoshügel 20
Kokosmuffins 133
Kokosriegel, kleine 150
Kokostarte 67

L

Liebeskuchen 49

M

Mandelmuffins, einzigartige 168
Marmorkuchen 46
Minzeis 100
Muffins, grobe 19
Muffins, Himbeer- 32
Muffins, Kokos- 133
Muffins, einzigartige Mandel- 168
Muffins, Vollkorn- 36
Müsliriegel, magische 146

N

Nektarinen, gebackene 160
Nussbrot 153

O

Obstsalat, sommerlicher 176

P

Panna Cotta 163
Pfannkuchen, Buttermilch- 164
Pflaumenkuchen, umgekehrter 54
Popcorn, süßes 123

R

Rhabarberfool 179
Rocky Roads 116
Roggenbrötchen 142
Rote-Bete-Kuchen 58
Rumkugeln 119

S

Sahnetorte 62
Schokoladenkuchen mit Tiramisu 57

Schokoladenkuchen, Orangen- 61
Schokoladentarte 76
Schokomousse, Paleo- 180
Scones, glutenfrei 39
„Softeis“ 90
Stracciatella 92

T
Tartelettes 72
Tartes, Crumble- 80
Trüffel 138

V
Vanilleeis 89
Vanilleeis 111
Vollkornbrötchen 149
Vollkornhörnchen 31

W
Waffeln 171
Wasserbad 103

Z
Zitronentarte 79

REGISTER NACH KATEGORIEN

VOLLKORN
Brötchen, Vollkorn- 149
Buttermilchpfannkuchen 164
Dinkeltartes 68
Dinkelwirbel 23
Galette, Vollkorn- 83
Hörnchen, Vollkorn- 31
Karottenkuchen 53
Knäckebrot, Super- 134
Muffins, grobe 19
Muffins, Vollkorn- 36
Pflaumenkuchen 54
Roggenbrötchen 142
Rote-Bete-Kuchen 58

GLUTENFREI
Bananenkuchen, kleine 28
Brei, Energie- 137
Chocolate Chip Cookies, gesalzene 35
Cookies, rohe 130
Cupcakes 15
Eiskaffee 141
Erdnuss-Lutscher 125
Haferkugeln 145
Kakaobrei, cremiger 175
Kokosgebäck 24
Mandelmuffins, einzigartige 168
Marmorkuchen 46
Müsliriegel, magische 146
Nektarinen, gebackene 160
Obstsalat, sommerlicher 176
Popcorn, süßes 123
Sahnetorte 62
Scones, glutenfreie 39
Stracciatella 92
Tartelettes 72
Trüffel 138
Vanilleeis 89
Zitronentarte 79

LCHF
Crème brûlée 172
Eis am Stiel 103
Eis, Turbo- 99
Joghurteis am Stiel 96
Käsekuchen 50
Kokostarte 67
Minzeis 100
Panna Cotta 163
Rhabarberfool 179
Schokoladenkuchen 57
Vanilleeis 111

PALEO
Avocadoeis am Stiel 86
Bananeneis 120
Bananeneis, hellrotes 95
Bananenhappen 107
Bananenkuchen, kleine 28
Brownies, raw 42
Dattelkugeln, die leckersten 112
Donuts, gebackene 27
Donuts 115
Kakaomousse 167
Kokoschips 126
Kokoshügel 20
Kokosmuffins 133
Kokosriegel, kleine 150
Liebeskuchen 49
Marmorkuchen 46
Nussbrot 153
Rocky Roads 116
Schokoladenkuchen, Orangen- 61
Schokoladentarte 76
Schokomousse, Paleo- 180
„Softeis“ 90
Waffeln 171

Herzlichen Dank an …

Meine Redakteurin Hélène Wagn und Gyldendal für das in mich gesetzte Vertrauen und die Möglichkeit, dieses Kochbuch zu machen. Ihr habt mir noch einmal einen großen Traum verwirklicht. Danke.

Die Grafikerin Kristine Lindbjerg für die hübschen Linien und Striche in diesem Buch. Danke.

Søren für deine aufmunternde und inspirierende Art und dafür, dass du mich immer wieder daran erinnerst, am Ball zu bleiben. Du bist der beste Geschmackskritiker. Danke.

Meine große Schwester Lykke für gastronomische Diskussionen – schön, dass wir unsere Passion für Essen teilen, und danke, dass du mir Einblick in deine Paleo-Welt gibst. Danke.

Alle Leser meines Blogs www.thefoodclub.dk für eure Unterstützung und Inspiration und dafür, dass ihr mitlest. Danke.